비문이라 생각하는 문장이 일부 있을 수 있으나
이는 공감을 이끌어내기 위함이며,
저자 고유의 글맛을 살리기 위해
표기와 맞춤법은 저자 고유의 문체를 따릅니다.

김다슬 에세이

열 번 잘해도 한 번 실수로
무너지는 게 관계다

CLOU☁DIA

프롤로그

열 번 잘해도 한 번 실수로 무너지는 게 관계다

관계는 어렵고, 상처 입기는 쉽다.
관계는 열 번 잘해도 한 번 실수로 무너지고,
열 번 마음이 맞아도 한 번 오해하면
쉽게 망가지기 때문이다.

잘해 줘도 소용없고, 진심도 무가치해지니,
당해 본 사람은 모든 게 부질없다고 느낀다.
누구보다 사랑했던 연인이나
한둘뿐인 십년지기 친구처럼
가깝고 소중한 관계일수록 그 충격은 크다.

이런 충격은 사람이 감당할 수 있는
허용 범위를 넘어선다.
단지 관계만 무너지는 것이 아니라,
가장 가까운 존재가 나를 부정했기에.

가장 의미 있었던 시간이 실은
무의미한 것이라고 통째로 부정당했기에,
이렇게 한순간에 무너진다는 사실이 허망하다.

노벨 문학상을 수상한 알베르 카뮈의 말처럼
행복해지려면 타인과 지나치게 관계하지
말아야 한다. 타인에게 아무리
시간과 재화를 쏟아도 관계의 쓴맛은
가시질 않으니, 타인에게 내주는 건
적당한 선에서 매듭짓는 것이 좋다.

대신 자기 자신에게 쏟는 시간과 재화를
늘려야 한다. 그러면 심리적, 정서적 안정을
얻을 수 있다. 자기 계발을 지금보다
훨씬 높은 가치로 삼을 줄 알아야겠다.
시간, 돈, 정성, 노력 이런 재화를
더더욱 자신에게 투자하자.
그게 진정으로 남는 것이니까.

김다슬

차례

프롤로그 - 열 번 잘해도 한 번 실수로 무너지는 게 관계다　4

1부 – 완벽한 사람은 없다

우울할 때 잠수 타는 사람의 심리　12	오늘도 애쓴 당신에게　42
인생의 진리 18가지　14	봄에 핀 코스모스　44
20대, 30대에 많아진 '콜 포비아' 현상　16	사랑과 사람　49
계속 성장하는 사람이 되려면　18	착해 빠진 호구　50
심성이 착하지만 야무진 사람의 공통점　20	정신없이 살며 놓치는 것들　52
평생 동안 곁에 남을 진짜 친구는　22	말이 앞서는 사람은 싫다　54
관계　24	살면서 찾아오는 12가지 기회　56
미루는 게 습관이 되면 행복도 미룬다　26	과거 속에 사는 이유　59
봄에 왔다가 떠난 봄　28	누구보다 잘 살게 되는 사람 특징　60
완벽한 사람은 없다　34	기분이 안 좋을 때 즉시 효과 있는 3가지 대처법　62
진짜 잘못은 고치지 않는 태도다　36	욕심이 인생을 괴롭힌다　64
나태함과 게으름을 이겨내는 마인드　38	평범한 하루가 근사해지는 방법　66
죽기 직전 억울해서 운다는 12가지 후회　40	시간이 지나야 아름다움인 걸 안다　68
	사랑의 가르침　70
	사람은 억지로 붙잡는 게 아니다　72

2부 – 좋은 관계의 시작은 나로부터 시작된다

당신이 있어서 다행이다	78
세상에 영원한 건 없지만, 영원을 바란다	80
노력이 배신하는 시기	82
시간을 내어주는 건 생명을 내어주는 것	84
장거리 연애	86
잠 못 드는 밤	90
나를 망치는 환경	92
정신이 건강해지는 14가지 행동	94
게으르고 어설퍼도 인간적인 사람	96
무얼 내려놓아야 마음이 편할까	98
마음이 예쁜 사람 13가지 특징	100
살다가 넘어졌을 때	102
사랑을 눈에 보이게 하는 방법	104
불나방	107
물냉면과 비빔냉면	108
감정을 참지 말고 표출하길	112
자기도 모르게 눈치를 본다	114
내가 나이기 힘든 세상	116
사랑받고 싶은 마음	118
나보다 너다	120
세상에 멋진 사람은 없다	122
사람은 온기가 필요하다	124
정원사	127
내 사람이다 싶은 사람은	128
새하얀 초대장	130
매력적인 사람 특징 12가지	132
고생했다 귀한 내 사람	134
지름길이 싫어지고 귀찮음이 좋아졌다	136
짝지 앞에서 강한 남자	138

3부 – 놓아야 할 사람과 놓치지 말아야 할 사람

목적을 잃으면 관계도 잃는다	144
불안하지 않은 인연	146
세상의 주인	148
귀찮아할수록 잃는다	150
좋은 사람이 좋은 인연은 아니다	152
좋은 관계라는 증거	154
나를 알아주는 사람	156
냉장고의 빨간 장지갑	158
영원한 엄마	163
불안하다면 놓는 것이 맞다	164
서운함을 따지는 사람	166
벽과 같은 자존심	168
지쳤을 때 필요한 휴식 방법	170
아는 것은 힘이지만, 두려움도 된다	174
취조하듯 말하는 사람	176
좋아해서 미워한다	178
마중	180
칼로 물 베기	182
쓰레기 같은 인연	186
인간관계가 어려운 이유	188
감정을 가지고 장난치는 사람	190
조금 떨어져 있어서 아름답다	192
우주의 인연	195
결이 맞는 사람을 찾아내는 방법	196
사이가 깊고 친하다는 증거 5가지	198
관계를 정리할 때 안 좋은 행동	200
사소하게 서운하면 사이가 깊다는 의미	202
별처럼 사랑한다	205
첫 파마	206

4부 – 수많은 관심보다 한 번의 진심이 중요할 때

살기 싫은 날	212
생각을 바꿔야 인생이 바뀐다	214
나쁜 사람 때문에 그만 아파하길	216
어른의 인간관계	218
꿈의 물음	220
눈길의 차 사고	222
시간은 적일까 아군일까	226
호감이 가는 말버릇 8가지	228
사람은 상처를 입어서 영악해진다	230
노력하기 싫어서 하는 사과	232
똑같은 말을 해도 결과가 다른 이유	234
돈과 자존심이 결합된 문제	236
그리움	238
후회는 싸구려 잡지다	240
한 살이라도 젊을 때 알면 도움되는 경험	242
즐거움은 짧고 괴로움은 긴 이유	244
전복 껍데기	246
존재하는 기적	250
인간이 질리는 원인	252
좋은 점보다 싫은 점을 먼저 본다	254
어렸을 때 학대와 상처를 받고 자란 어른은	256
살면서 가장 쓸데없고 부질없는 짓은	258
노력이 곧 희망이다	260
어릴 땐 몰랐는데 나이 들수록 깨닫는 감정	262
감당하기 힘든 슬픔 또한 인생의 한 막	264
마음의 집을 찾아서	266
팔십 번의 크리스마스	269
마음속의 모닥불	270

에필로그 - 기억하지 못하면 살지 않은 것이다 276

1부

완벽한 사람은 없다

우울할 때 잠수 타는 사람의 심리

멀쩡하던 사람이 갑자기 연락이 끊기는 경우가 있다. 각자 다양한 사정이 있지만, 우울해서 그런 경우가 의외로 많다. 우울할 때 연락을 전부 다 끊는 건 친구나 지인들을 믿지 못해서가 아니다.

오히려 그들을 생각해서 그렇다. 당장 해결할 수 없는 심각한 문제인데 그런 자신으로 인해 폐를 끼치는 것이 싫기 때문이다. 자신도 감당하기 힘든 우울을 주변에 나눠서 짊어지게끔 하고 싶진 않으니까.

'나만 힘든 것도 아닐 텐데…'라는 생각이 기저에 있다. 부정적이고 기운 빠지는 짐을 하나 더 얹고 싶지 않다. 우울하고 힘든 것을 마치 권리처럼 활용하고 싶은 마음은 추호도 없다.

그래서 차라리 잠수를 택한다. 전화를 받지 않고, 문자는 답장하지 않고, 카톡은 읽지 않지만, 습관처럼 SNS와 유튜브에는 접속한다.

그게 그나마 삶의 가느다란 끈 같은 거라서. 그러니 주변에 이런 사람이 있다면 서운해할 것이 아니라, 먼저 알아주고 다가가서 전해줬으면 한다.

애썼다. 많이 애썼다고.
언제 어떻게 연락해도
난 네가 좋고, 환영한다고.
언제나 너의 편이라고.

인생의 진리 18가지

1. 껍데기 인맥 9명보다 진국인 친구 1명이 낫다.
2. 모두에게 좋은 사람은 없다.
3. 대화를 잘하는 방법은 말하기가 아닌 듣기다.
4. 자존감을 높이려면 이불 개기와 같은 사소한 자기 약속부터 지키면 된다.
5. 갈수록 운동은 필수다.
6. 뒷말은 안 할수록 좋다.
7. 생각을 바꿔야 인생이 바뀐다.
8. 당신의 열정이 당신을 결정한다.
9. 경험이 곧 그 사람 자체다.
10. 모든 관계는 적당한 거리 두기가 필요하다.
11. 인생의 모든 것은 선택이다.
12. 현재의 나는 과거 무수한 선택의 결과물이다.
13. 올바른 선택이 좋은 운을 부른다.
14. 내가 진정 원하는 것이 귀한 것이다.
15. 꾸준함이 진짜를 만든다.

16. 내가 자주 만나는 사람의
    수준이 나의 수준이다.
17. 실력을 키우면 돈이 따라오고
    인맥은 알아서 생긴다.
18. 말은 연출이고 행동이 진심이다.

 모두 각자가 소중하지만, 내 삶에 제일 소중한 건 나다. 인생의 정수를 똑같이 알아도, 실천하여 자기 것으로 만드는 사람이 있고, 백날 알기만 하고 실천하지 않아서 머릿속에 활자로 두는 사람이 있다. 이것도 선택이다. 지식으로만 썩힐지, 지금 행동해서 인생으로 만들지.

 그 결과는 당장 1년 동안엔 별 차이가 없지만, 10년 후엔 비교할 수 없이 광대한 차이가 벌어져서 전혀 다른 인생을 살고 있게 된다.

20대, 30대에 많아진 '콜 포비아' 현상

하나, 먼저 연락하지 않는다.
꼬박꼬박 해야 하는 연락이 감정 노동처럼 느껴진다. 정성을 들여도 무너지는 인간관계를 몇 차례나 겪어봐서 더 이상 연락에 큰 의미를 두지 않는다. 먼저 찾지 않아도 연락이 오는 사람은 있고, 그들을 챙기기에도 시간이 부족하다는 것을 안다.

둘, 연락이 없어도 그러려니 한다.
과거와 달리 이제는 연락에 목매지 않는다. 각자의 사정이 있고 일, 연인, 가족이 우선이라는 사실을 알기에 딱히 신경 쓰지 않는다.

셋, 전화보다 카톡이 편하다.

전화 통화를 선호하지 않는다. 어색하고 부담스럽다. 문자나 카톡처럼 간편한 것을 훨씬 선호한다. 특별할 때 외엔 굳이 통화하지 않는다. 통화 행위 자체를 싫어하고, 불편해하고, 두려워하는 사람이 많다. 이를 '콜 포비아' 현상이라고 한다.

넷, 답장하는 걸 까먹는다.

평소에 답장을 잘하다가도 어느 순간 정신없이 바쁘게 살다 보면 문자, 카톡, 디엠, 메신저 등 읽지 않은 1이 점점 쌓이다가 나중엔 수십, 수백 개가 된다.

이처럼 혼자 알아서 잘 지낸다. 주위 사람들과도 딱히 문제없다. 단지 혼자가 더 편해졌고, 사람에 대한 기대감이 옅어졌을 뿐이다. 진한 기대는 상처로 돌아오기 마련이니까.

계속 성장하는
사람이 되려면

1. 침묵을 금으로 여긴다.
2. 게으름을 이겨낸다.
3. 원하는 것에 솔직해진다.
4. 일단 경험한다.
5. 잘하기보다 꾸준히 한다.
6. 마음의 여유를 가진다.
7. 자기만의 실력을 기른다.
8. 어려운 일도 도전한다.

침묵은 그 사람의 지능과 관련 있다. 어리석은 사람일수록 안 해도 될 말을 굳이 꺼내서 인간관계를 망치고, 기회를 놓친다.

마음이 움직일 만큼 하고 싶은 것이 있다면 그 앞에서는 무엇보다 솔직해져야 한다. 기대했던 것과 다르게 실망하고 상처받을까 봐 지레 겁부터 집어먹고 도망쳐선 안 된다. 쉬운 것만 골라서 하면 약간만 어려워져도 삶이 쪽배처럼 흔들린다. 어려운 일을 직접 선택하고 도전할 줄도 알아야 한다.

잘하는 것보다 중요한 건 꾸준히 하는 것이다. 쉬어도 좋으니 중간에 완전히 놓지만 않으면 된다. 쉽사리 포기하지 말고 마음을 굳게 먹길. 경험은 무조건 내 편이다. 전혀 연관 없는 경험도 훗날에 하는 일과 필연적으로 이어진다. 이 모든 것이 쌓여서 자기만의 실력이 된다.

지름길은 없다.
그러니 조급할 이유도 없다.
차분히 한 발씩 내딛길.

심성이 착하지만 야무진 사람의 공통점

1. 착한 사람에게 착하고 나쁜 인간한테 나쁘다.
친절하고 상냥한 사람에겐 최대한 존중하고 배려하지만, 무례하고 선 넘는 인간한텐 독하게 굴고 선을 긋는다.

2. 자기 기준이 있다.
자신만의 기준선을 정해두고 그 선을 중심으로 판단한다. 하고 싶은 것, 하기 싫은 것. 편한 것, 불편한 것 등등. 모든 판단은 기준에 따른다.

3. 단호하게 말한다.
자기 기준에 맞지 않는 것, 거절해야 하는 것은 단호히 거절할 줄 안다.

4. 차선책을 준비한다.

최선을 다하지만, 결과까지 항상 최선은 아니라는 사실을 안다. 늘 차선을 생각한다. 그래서 기대한 결과가 아니어도 미련 없이 행동할 수 있다.

분명 마음이 여리고 심성이 착한데도 호구라는 말을 잘 듣지 않는다. 오히려 야무지다는 소리를 자주 듣는다. 평소 이런 언행을 보이니, 자연스레 함부로 대하기 어려운 카리스마가 생긴다. 그래서 남들이 더 존중하게 된다.

결국 부드러우면서 굳세고 야무진 모습은 스스로 만드는 것이다. 남이 어떻게 볼까를 걱정해서 타인에게 잘 보이려는 모습으로 살지 말고, 나의 기준대로 내 모습을 결정하고 타인이 존중하게끔 하는 삶을 살아야 한다.

평생 동안 곁에 남을
진짜 친구는

첫째, 그냥 연락한다.
아무런 용건 없이 통화해도 어색함이 없다. 필요할 때만 찾는 사람과는 근본적으로 다르다.

둘째, 전화 한 통에 기분이 풀린다.
어이없고 짜증이 나는 일도 친구랑 전화 한 통이면 짜증, 불안, 화가 가라앉고 답답했던 속이 한결 나아진다.

셋째, 시시한 일상을 공유한다.
이런 사소한 것까지 얘기하나 싶어질 정도로 시시한 일을 함께 공유하는 것이 즐겁다.

넷째, 쓸데없는 얘기로 웃는다.

남이 보기엔 웃기지도 않고 이해할 수 없는 얘기도 둘만의 코드가 잘 맞아서 빵빵 터지며 웃게 된다.

다섯째, 나를 위해준다.

모든 행동에 나를 위하는 마음이 묻어있다. 쓴소리도 나를 생각해서 따끔하게 하고, 힘들 때는 그저 들어주고, 슬프고 우울할 땐 곁에서 어떻게든 위로해 준다.

인간관계는 대부분 필요와 이해로 얽혀있다. 계산적인 관계들 사이에서 아이처럼 목적 없이 순수한 관계인 친구가 있다면 삶의 보물 같은 사람이다.

그 친구와의 우정을 평생 지킨다면 그것만으로도 참 근사한 인생이 된다. 지금 떠오른 그 친구 말이다.

관계

보기 싫은 사람인데 매일 봐야 하기도 하고
보고 싶은 사람인데 다신 보지 못하기도 한다.

기억하려 애써도 잊히는 사람이 있고
잊으려 애써도 떠오르는 사람이 있다.

긴 만남인데 짧게 배웅하기도 하고
짧은 만남인데 긴 세월 간직하기도 한다.

미루는 게 습관이 되면 ———
행복도 미룬다

미루는 것이 습관이 되면 행복도 미루게 된다. 짧게는 가고 싶은 곳, 갖고 싶은 것, 하고 싶은 것을 미룬다. 일단 돈부터 벌자고 생각하거나, 성공하면 하겠다고 다짐한다.

길게는 꿈, 목표, 건강도 먼 미래로 미루어 두고 그걸 바라보며 산다. 다음 달부터 운동해야지, 내년엔 여행 가야지, 훗날엔 부자가 되어야지, 언젠가는 꿈을 이뤄야지. 이런 식으로 말이다.

미루는 것들이 쌓이면 결국 행복도 미뤄진다. 그렇게 대개가 현재를 불행하게 산다. 하루하루가 참고 버티는 나날이다.

이처럼 미루는 행위는 행복을 방해하는 요소 중 하나다. 미루는 행복 말고 지금 행복해야 한다. 미래의 목표들을 지금 당장 이루라는 말이 아니다. 그건 현실성이 떨어진다.

미래는 미래대로 충실히 그리면서 현재가 불행하지 않을 방법을 찾아야 한다. 달력을 펼쳐서 날짜를 정하여 계획을 짜는 것이 도움이 된다.

언제, 어디서, 무얼 할지, 얼마를 소비할지 정한다. 그러면 하고 싶은 것들을 실천하면서 현재의 불행도 막을 수 있고, 미래의 목표를 방해하는 과소비도 막을 수 있다.

작은 계획과 작은 용기를 곁들인 실천.
지금의 행복을 소소히 누리는 방법이다.

봄에 왔다가 떠난 봄

"끄응, 끙. 끼이이… 쉬익, 쉬익, 힉, 힉, 히이…"

봄이 숨을 거둘 때 내던 소리를 잊을 수 없다. 차가운 화장실 바닥. 사방팔방 자신이 토한 새빨간 피를 칠갑한 채 누워 숨이 넘어가듯 헐떡이는 봄.

규는 그런 봄의 가슴을 펌프질하듯 반복해서 누르며 심장을 마사지했다. 나의 아빠인 규는 흔히 말하는 경상도 남자답게 무뚝뚝한 사람이었다. 그런 규가 눈물, 콧물이 범벅이 되어 얼굴이 엉망이었다. 그토록 우는 규의 모습은 난생처음 보았다.

생애 첫 반려동물은 봄에 찾아온 강아지였다. 봄의 계절에 연이 닿았으니 이름을 봄이라 불렀다. 믹스견이었는데 무척 영리했다. 하루는 봄을 데리고 온 가족이 바다로 여름휴가를 간 적이 있었다. 봄은 평소 목욕도 얌전하게 못 할 정도로 물을 무서워했다.

그런데도 엄마인 숙이가 바다에 들어가 애타게 봄을 부르면 주인이 물에 빠진 줄 알았는지 봄은 무서운 바닷속으로 망설임 없이 뛰어들었다. 숙이를 구하려고 말이다. 개헤엄을 치며 수면 위로 얼굴만 겨우 내민 채, 숙이에게 필사적으로 다가가는 봄. 그때의 뭉클한 모습은 아직도 눈에 선하다.

그랬던 봄이 떠났다. 봄이 우리에게 왔을 때, 나는 초등학교 3학년이었다. 5학년 때 봄이 떠났으니 고작 2년의 연이었다. 지금 돌이켜 보면 심장 사상충에 감염됐던 것이 아닌가 싶다. 당시에는 그런 지식도 없었고 일러주는 사람도 매체도 없었다.

그렇게 봄을 잃은 것이 내게는 처음으로 가족을 잃는 경험이었다. 사랑하는 존재가 죽어 없어지는 경험. 식음을 전폐할 정도로 입맛이 없었다. 한동안 아무것도 입에 들어가지 않았다. 밥 한 숟갈 떠넘기는 게 이렇게 힘들 수 있다는 것을 처음 알았다. 매일 슬펐고 매일 아팠고 매일 울었다. 몇 날 며칠 밤을 지새우며 울었고 슬픔은 때와 장소를 가리지 않았다.

하루는 수업 시간에 봄이 생각이 나서 또 울었다. 수업 시간이었으니 나름대로 억눌러가며 조용히 울었다. 그때 담임 선생님이 교탁 앞으로 나를 불렀다. 아직도 이름이 생각난다. 오땡석이란 30대 남자 선생님이었는데 수업 시간에 왜 우냐면서 다그쳤다.

그 말에 봄의 죽음에 관하여 복받치듯 오열하며 설명했다. 설명 도중에 선생님은 다짜고짜 출석부 모서리로 내 머리를 세차게 여러 번 내리쳤다. 반의 아이들 모두가 보는 앞이었다. 머리에 혹이 날 만큼 강렬한 통증과 이 상황이 도저히 이해가 되지 않아서 울음을 뚝 그쳤고, 교실은 조용해졌다.

"남자 새끼가 개 한 마리 죽은 거로 울고 자빠졌어. 쯧."

짜증이 잔뜩 섞인 다그침. 그저 계속되는 사내아이의 울음이 꼴 보기 싫었던 모양이다. 12살에 처음 사별하는 슬픔과 아픔을 알았다. 게다가 세상은 나의 소중한 존재의 죽음에 관심이 없고, 나의 슬픔과 아픔에도 아무런 관심이 없다는 사실을 알게 됐다. 내가 아무리 죽을 만큼 아파도 타인에겐 관심거리조차 될 수 없다는 사실을 말이다.

세상은 내가 소중히 여기는 존재가 없어져도 잘만 돌아가고, 심지어 내가 없어지더라도 잘 돌아갈 것이라는 사실을 그날 깨달았다.

완벽한
사람은 없다

완벽한 사람은 없다. 나 역시 완벽하지 않다. 그러니 내가 모자라고, 부족하고, 휘청이는 건 자연스러운 일이다. 내가 보기엔 완벽해 보이는 타인도 알고 보면 크고 작은 결핍과 결함이 있다.

나를 보듯 남을 봐선 안 된다. 애초에 시선이 다르다. 나는 자기 자신을 매일 직접 보고, 겪고, 느끼고, 알지만, 내가 타인을 보고 알 수 있는 건 한정적이기 때문이다.

남에 관한 건 남이 보여 주는 모습밖에 볼 수 없다. 더 알고 싶어도 타인의 모든 것을 처음부터 끝까지 관찰할 방법은 존재하지 않는다. 365일, 24시간을 관찰한다고 한들 속마음과 감정까지 알 순 없으니까.

내가 나를 보는 시각과 내가 타인을 보는 시각은 근본부터 다르기에 별개의 시선이어야 한다. 나의 모자람이야 스스로 관찰하기 때문에 속속들이 보이기 마련이지만, 타인의 모자람은 본인이 아닌 이상 보이지 않으니까.

고로 누가 완벽해 보인다면 착각에 불과하다. 공개된 면과 볼 수 있는 것이 한정적이라 그렇게 보이는 것뿐이다. 유명한 스타들도 SNS에 우울한 모습이 아니라, 화려한 모습만 사진에 담아 올리지 않던가.

의도된 연출인 화려한 장면만 보고 현혹되어선 곤란하다. 자주 휘청이고 어딘가 모자란 자신이 못나 보일 수 있지만, 누구나 그런 것을 유달리 자책할 이유는 없다.

진짜 잘못은
고치지 않는 태도다

 잘못을 적당히 넘기는 태도가 진짜 잘못이다. 살다 보면 누구나 잘못을 저지른다. 완벽한 사람은 존재하지 않기에 인간적인 일이다. 문제는 잘못한 이후의 태도다.

 잘못을 대수롭지 않게 여기고 넘겨선 안 된다. 잘못한 걸 쉽게 생각하고, 진심으로 뉘우치지 않고, 미안하단 말로 대충 때우고, 잘못된 점을 고치지 않고, 또다시 반복하는 뻔뻔한 태도를 경계해야 한다.

 잘못했는데도 상대방과 주위 사람들이 너그럽게 용서하는 건 결코 잘못이 가벼워서가 아니라, 소중하게 생각하기 때문이다.

소중한 사람이니 어떻게든 이해하고 참는 것이다. 괜찮은 것으로 착각해선 곤란하다. 어차피 남는 사람은 남는다는 식의 어리석은 착각 말이다. 잘못해도 곁에 남는 것이 아니라, 차마 떠나지 않는 것이니까.

한 번 믿었던 사람이니 매정하게 굴지 않는 것일 뿐이다. 이미 실망감을 많이 감수하고 있다. 마음에 안 들지만, 꾹 참고 있다. 그런 고마운 사람에게 더는 민폐를 끼쳐선 안 된다.

잘못을 고치지 않는 태도가
사람의 속을 뒤집어 놓는다.

나태함과 게으름을
이겨내는 마인드

1. 죽고 싶은 게 아니라, 이렇게 살기 싫은 거다.
2. 인생의 다양한 문제가 미뤄서 생긴다.
3. 미루는 건 달콤하지만, 미룬 결과는 처참하다.
4. 나태한 순간은 좋지만, 나태한 자신은 싫다.
5. 게으름을 슬럼프라고 자기합리화하지 말길.
6. 하는 고통은 짧고, 안 해서 생긴 문제는 길다.
7. 아무리 하기 싫어도 하다 보면
   감정은 잊히고 결과만 남는다.

공부하기 싫어서 미루다가 시험을 망친다. 운동하기 귀찮아서 미루다가 건강이 나빠진다. 세금 납부가 귀찮아서 미루면 체납자가 된다. 자주 연락하기 귀찮아서 대충 넘기다 보면 상대방이 떠난다.

모든 것이 그렇다. 이는 경험을 통해 누구나 알고 있는 사실이다. 처한 환경과 자기 자신을 바꿀 수 있는 건 세상에서 오직 나 하나뿐이다. 그러므로 생각을 바꾸고 움직여야 한다.

지금 가장 절실해야 한다.
나중에 더 절실할 것 같지만,
나중은 오지 않을 수도 있다.
삶은 기약하는 것이 아니라, 실천하는 것이다.

죽기 직전 억울해서 운다는 12가지 후회

1. 온 마음으로 사랑하지 않은 것
2. 젊음이 영원할 것처럼 군 것
3. 꿈에 미쳐 보지 않은 것
4. 자신을 좀 더 아끼지 않은 것
5. 쓸데없는 것에 집착한 것
6. 무엇이 더 소중한지 몰랐던 것
7. 여행, 목표, 실행 등을 미룬 것
8. 내가 원한 삶을 살지 않은 것
9. 쫓기듯 여유 없이 산 것
10. 눈치 보고 솔직하지 못한 것
11. 부모님께 잘하지 못한 것
12. 10대, 20대, 30대, 그 나이에만 할 수 있는 경험을 쌓지 않은 것

인간은 사회적 동물이라서 타인을 보고 기준을 삼아 자기 삶에 적용하게 된다. 이 과정에서 모방이 일어날 수밖에 없다.

이런 모방 욕망에 휘둘려서 남에게 그럴싸하게 보이려고, 타인이 인정하는 삶을 살려고, 무의식적으로 노력한다. 내가 원한 삶을 사는 게 아니라, 타인이 원하는 삶을 사는 것이다.

그 타인은 부모, 배우자, 지인, 선생, 멘토, 우상 등 다양한 이가 될 수 있다. 현재 자기가 원하는 삶이 외부에서 온 것인지, 내면에서 생긴 것인지 구분할 필요가 있다.

그래야 비로소 내가
내 삶의 주인이 된다.

오늘도 애쓴
당신에게

 오늘도 있는 힘을 다해 삶을 이끄느라 애썼다. 살다 보니 입은 상처가 있을 것이다. 그중에는 어떠한 말로도 위로할 수 없는 상처도, 도저히 말 못할 상처도 있을 것이다. 타인과 나눌 수 없는 아픔이 있을 것이다. 채울 수 없는 상실을 겪었을 것이다.

 모든 게 덧없이 느껴지는 허무한 순간도 지났을 것이다. 텅 비어버린 마음 때문에 공허를 느꼈을 것이다. 가족과 동료와 친구가 있어도 그들이 이해하지 못할 고독을 느꼈을 것이다. 간절히 누가 알아주길 바랄 만큼 외로웠을 것이다.

끊임없는 걱정으로 불안했을 것이다. 가족을 생각하며 책임감에 무거웠을 것이다. 시간에 쫓기는 일들로 압박감에 짓눌렸을 것이다. 뜻대로 되는 일이 없어서 좌절했을 것이다. 믿었던 사람에게 배신당하고 울화통이 터졌을 것이다.

어릴 땐 새하얀 뭉게구름 같았던 마음이 어느새 시커먼 먹구름처럼 변했다. 상쾌한 아침처럼 가벼웠던 몸이 어느덧 이끌기도 버거울 정도로 무거워졌다. 맑았던 머리가 지끈거릴 정도로 복잡하다. 말끔하고 멀쩡했던 사람이 여기저기 온통 뻘건 상처투성이가 되었다.

그럼에도 불구하고 하루를 살았구나.
여기까지 묵묵히 걸어왔구나.
그런 당신이 자랑스럽다.

봄에 핀
코스모스

"봄아, 잘 지내!"
"잘 지내, 지내, 내…"

슬은 낙엽이 잔뜩 쌓인 초겨울의 산자락에서 하늘을 향해 크게 외쳤다. 마치 대답이라도 하듯이 메아리가 울렸다. 올려다본 높고 푸른 하늘은 맑게 개어 구름 한 점 없었다.

열두 살의 겨울 초입에 가족이었던 봄이 죽었다. 반려견인 봄은 겨우 2년을 함께하고 떠나게 되었다. 가까운 존재의 과정이 아닌 결과를 처음 경험한 것이다.

눈물과 콧물로 범벅이 된 슬과 그의 아빠, 규. 봄을 양지바른 곳에 묻어 주기 위해 종이 상자에 담아 뒷산으로 향했다. 상자에 담긴 봄은 마치 잠든 것만 같았다.

생전의 봄은 몸이 말랑말랑하고 따뜻해서 자주 만지고 껴안았다. 봄을 안을 때면 마치 봄이 온 듯 기분이 포근했다. 봄도 안기는 걸 좋아해서 언제나 달려들어 꼬리를 흔들고 얼굴을 핥았다.

박스 안에 담긴 봄은 차갑게 식어 있었다. 보기에는 평소처럼 잠든 것 같은데 손을 대어 보면 다르다. 쓰다듬고 만져보았지만, 평소와 달리 다리가 펴지지 않았다. 온몸이 딱딱하게 굳어 있었다.

슬은 산에 오르는 길에도 몇 번이고 울면서 상자를 열어보고 봄을 어루만졌다. 어제 새벽에 떠난 봄의 몸에선 무어라 잘 표현할 수 없는 냄새가 나기 시작했다. 시큼한 것 같기도, 코를 찌르는 거 같기도 한 퀴퀴한 냄새. 죽음의 냄새였다.

종이 상자를 껴안고 숨을 몰아쉬는 규. 슬은 앞장서서 산을 오르고 있었다. 한참을 오르다가 두리번거리며 봄을 묻을 만한 장소를 찾았다.

규는 발치에 상자를 내려두고 주변에 있는 납작한 돌을 들었다. 슬도 조막만 한 돌을 집어 들고 땅을 파기 시작했다. 사람이 자주 오르는 산이지만, 묻을 곳은 등산로에서 멀리 떨어진 곳이어서 흙이 부드러웠다.

금세 세숫대야만 한 크기로 땅을 파곤 그곳에 봄을 묻었다. 봄은 상자에 있을 때도, 상자에서 꺼낼 때도, 묻힐 때도, 흙에 덮일 때도. 미동도 없이 굳은 그 자세 그대로였다.

마지막으로 한 번 더 봄을 쓰다듬었다. 털의 감촉만은 똑같았다. 황토가 한가로이 감겨있는 봄의 눈 위를 뒤덮었다. 다 덮고는 흙과 돌을 쌓아 작은 무덤을 만들었다.

슬은 또다시 한참을 울었다. 울면서 몇 번이고 하늘과 무덤을 번갈아 보았다. 규가 이만 돌아가자고 했다. 슬은 하늘을 향해 외쳤다. 잘 지내라고. 높은 하늘은 맑고 또렷한 푸른색이었다.

그 후로 강산도 변한다는 세월이 흘렀다. 슬은 오랜만에 고향에 와서 봄의 무덤을 찾았다. 오랜 시간이 지났기에 작았던 무덤은 흔적도 없이 사라졌다.

다만 그 자리에 코스모스가 피어있었다. 연홍빛 꽃은 분명 그날처럼, 그리고 오늘처럼, 구름 한 점 없이 맑은 날에 피었을 것이다.

바람도 불지 않는 산자락에
코스모스가 하늘하늘 흔들렸다.

사랑과 사람

사랑을 찾아다니는 사람은 외로운 사람.
사랑을 두려워하는 사람은 상처 입은 사람.

사랑은 아무래도 좋다는 사람은 지쳐버린 사람.
사랑을 다시 하고 싶다는 사람은 잊지 못하는 사람.

사랑이 아름답다는 사람은 사랑을 모르는 사람.
사랑을 안다는 사람은 사랑 앞에 오만한 사람.

그 모든 사람이 나였다.

착해 빠진 호구

착해 빠져서 호구라는 말을 듣는 당신이 좋다. 남들처럼 영악하게 살지 않았단 증거이고, 때 묻지 않은 순수를 간직했단 뜻이니까.

요즘 같은 세상에 호구란 말은 오히려 칭찬이다. 남들보다 물질적으로는 손해 봤을지 몰라도, 마음만큼은 남달리 아름다운 사람이란 의미다.

때가 묻기는 쉬워도 때 묻지 않기란 몹시 어렵다. 초심을 잃기는 매우 쉽지만, 지키기는 매우 어렵듯이 말이다. 약아빠지고 영악하게 사는 사람이 가득한 곳이 바로 사회다.

남 탓만 끊임없이 하는 이곳에서 어떻게 하얀 마음을 지켜왔나. 어째서 그들에게 물들지 않고 그들과 다른 태도로 살아왔나. 사회생활을 하다 보면 그들처럼 약삭빠른 편이 좀 더 편하고 빠른 길이란 것을 알게 되지 않던가.

그런데도 마음에 거짓이나 꾸밈이 없이 바르고 곧은 심지를 지켰다. 그 우직함이 잔잔한 울림을 준다. 타인에게 상처를 주느니, 차라리 자신이 상처 입은 사람. 주위에서 미련곰탱이라 불렀을지 몰라도 순백색인 사람.

당신이 우직하게 걸어온 삶은 투명하고 옳다.

정신없이 살며
놓치는 것들

 정신없이 산다. 창문을 넘어 들어오는 아침 햇살을 따스하다고 느낄 새가 없다. 맑게 개어 높고 푸른 하늘을 올려다볼 여유가 없다. 든든하게 속을 채워줄 아침을 거르고 그저 나가기 바쁘다.

 나서는 길의 발치에 피어있는 들꽃을 볼 틈이 없다. 철새들이 찾아와 높이 지저귀는 소리가 들리지 않는다. 아침 공기를 마시지만, 아무런 상쾌함을 느끼지 못한다.

 어제와 모든 것이 다르지만, 어제와 모든 것이 똑같다고 느낀다. 무슨 이유에서인지 하루의 행복이 무엇인지 생각하지 못한다.

오늘도 하루의 아름다움과 작은 여유와 거기서 오는 소소한 만족을 놓치며 살고 있구나. 아니, 매일 보고 듣고 있으면서 실은 아무것도 보고 듣고 느끼지 못하고 있구나.

사실 이런 여유들은 긴 시간이 필요한 것이 아닌데. 고작 3분 정도의 머무름인데. 그 사색의 시간을 아낀다고 부자가 되는 것도 아니고, 잘 사는 인생인 것도 아닌데.

그럴 여유도 없이 무얼 그리 쫓기며 사는 걸까.
스스로 일시 멈춤 할 줄 알아야겠다.

말이 앞서는
사람은 싫다

"너에게 잘할 거야."
"앞으로 내가 잘할게."
"누구보다 행복하게 해줄 거야."

 이런 말들 백 번 하는 사람보다, 말없이 곁에 있어주는 사람이 좋다. 그게 정말로 잘하는 거니까. 잘한다는 건 말로 하는 게 아니라서 그렇다. 이 점을 이해하고 있는 사람은 말 대신 행동한다.

 모르는 사람은 처음부터 끝까지 말만 앞선다. 잘하겠다는 말 한마디에 기대하고 설렜는데 막상 말로 그치면 도리어 역효과다. 기대한 만큼 실망으로 바뀌는 것이 사람의 통상적인 심리이기 때문이다.

지난날 연인에게, 친구에게, 가족에게, 주위의 많은 이들에게 말만 앞섰던 사람은 아니었나. 곰곰이 점검해 볼 필요가 있다. 호감이 없는 상대에게 말이 앞서는 경우는 드물다. 호감을 사고 싶은 상대에게 말이 앞서게 되는 경우가 많다.

자신이 이미 상대에게 호감을 품고 있고, 상대의 호감과 신뢰를 얻고 싶으니 마치 공약처럼 여러 가지 다짐과 약속을 공개적으로 하는 거다. 이를 마음속으로 조용히 다짐하고 행동으로 보여주는 것이 현명하다. 그게 호감과 신뢰를 얻는 진정한 방법이니까.

살면서 찾아오는 12가지 기회

1. 사랑을 고백할 기회
2. 좋은 인연을 만날 기회
3. 아닌 사람을 거를 기회
4. 자기 실력을 키울 기회
5. 보다 나은 삶을 살 기회
6. 보다 나은 사람이 될 기회
7. 부모님께 효도할 기회
8. 가정에 충실할 기회
9. 일을 선택할 기회
10. 꿈에 도전할 기회
11. 취미를 가질 기회
12. 보고, 배우고, 공부하고 자신을 바꿀 기회

보다 나은 삶을 살 기회는 많다. 보다 나은 사람이 될 기회는 적다. 의외로 무엇이 진정한 가치인지 본인 스스로 모르기 때문이다. 후회할 짓을 반복하니까 후회도 끝없이 반복된다.

후회를 멈추려면 문제점을 고쳐서 끊어야 한다. 게으르게 사니까 매일 기회를 놓친다. 부지런히 살아야 매일 기회를 얻는다. 하루하루가 기회인 셈이다.

큰 기회는 쉽게 오지 않는다. 큰 기회는 매일 사소한 기회를 잡은 사람에게 온다. 그런 기회는 우연히 찾아오는 거 같지만, 사실은 준비한 자에게만 찾아오는 필연이다.

과거 속에 사는 이유

혼자라고 느끼는 건
볼 사람이 없어서가 아니라
너를 볼 수 없어서다.

사무치게 외로운 건
들어 줄 사람이 없어서가 아니라
말이 너에게 닿지 않아서다.

끝없이 방황하는 건
갈 곳이 없어서가 아니라
돌아갈 너의 품이 없어서다.

언제까지고 과거에서 사는 건
현실에서는 만날 수 없는 네가
추억 속에선 언제나 만나 주기 때문이다.

누구보다 잘 살게 되는 사람 특징

하나, 멘탈이 단단하다.

두부 멘탈일수록 작은 일을 크게 확대 해석하는 버릇이 있다. 반면 멘탈이 강하고 튼튼한 사람은 큰 일도 대수롭지 않게 여긴다. 어떤 곤경에 처해도 "그럼에도 불구하고"라는 마음가짐을 가진다.

둘, 본질을 강화한다.

어떻게 하면 자기 자신의 본질을 강화하고 발전시킬지 끊임없이 고민하고 노력한다. 자본도 사람도 결국 본질이 확고한 사람에게 모인다.

셋, 체력이 강하다.

무기력한 사람은 의외로 정신력이 문제가 아니라, 체력이 달려서 그러는 경우가 많다. 무슨 일이든 체력이 받쳐 줘야 해낼 수 있다.

넷, 생각이 유연하다.

경직된 사람은 부러지기 쉽다. 이럴 수도, 저럴 수도 있다는 생각의 유연함이 곧 처세의 유연함이 되고, 일도 인간관계도 수월하게 풀린다.

다섯, 무엇이든 배운다.

몰라서 배우는 것을 자존심과 결부시키지 않는다. 자신을 가장 빠르게 발전시키는 방법이 배움이란 사실을 알기에.

자기 문제를 외면하지 않고 스스로 해결하는 사람이 학벌, 인맥, 배경, 환경과 상관없이 성과를 이루고 결국엔 잘 살게 된다.

기분이 안 좋을 때 즉시 효과 있는 3가지 대처법

첫째, 잠

인간은 깨어있는 동안 뇌에 노폐물 찌꺼기가 쌓이게 되는데 이를 말끔히 청소해 주는 것이 바로 잠이다. 우울할 때 잠을 깊이 자고 다음 날 일어나면 현실은 크게 달라진 것이 없는데도 어제보다는 덜 우울하고 차분해진 기분이 든다. 자는 동안 뇌가 온전히 회복에 집중한 결과다.

둘째, 산책

많은 논문과 책을 통해 산책이 사람의 마음을 진정시키는 것으로 알려졌다. 인간은 걷기 시작하면 중추유형발생기(CPG)가 활성화된다. 이 CPG가 활성화되면 뇌에 휴식을 주고 과부하를 막는다. 산책이 복잡한 생각을 정리하고, 안 좋은 기분을 환기하는 데 탁월한 이유다.

셋째, 독서

영국 서섹스대학교 인지신경심리학과 연구팀은 하루 6분의 독서로 스트레스가 68%나 감소한다는 사실을 밝혔다. 이뿐만 아니라, 독서는 뇌를 활성화하고, 심박수가 낮아지며, 근육의 긴장이 풀어지고, 충동성이 줄어드는 효과가 나타났다.

마음이 힘들어서 잠이 안 오면 산책을 하고, 산책할 힘이 없으면 독서를 하고, 책 읽기가 지겨우면 잠을 청하자. 셋 중에 하나만 해도 기분이 한결 나아진다.

욕심이 인생을 괴롭힌다

욕심 때문에 삶이 고단하고 괴롭다. 나태하고 노력하기 싫다면 지금의 상태에 만족할 줄 알면 된다. 평범한 삶에 만족하고 소소한 행복을 누리는 것이다.

한데 더 나은 삶을 살고 싶고, 현 상태에서 벗어나고 싶다면 그와 관련된 노력을 꾸준히 해야 한다. 부자를 원하면 부자에 관한 공부를, 성공을 원하면 성공에 관한 노력을.

각 분야가 있다. 부자가 되고 싶다면 부자가 되는 방법을 집중해서 공부해야 한다. 상위 1%로 성공하고 싶다면 노력 또한 상위 1% 안에 들 만큼 부지런히 최선을 다해야 한다.

원인이 없는데 결과가 있을까. 노력이란 원인을 제공해야 성공이란 결과가 생긴다. 단순 논리로 봐도 그럴진대 관련 공부도, 노력도 하지 않으면서 어찌 성공할 수 있을까.

매일 침대에 누워 휴대폰을 보면서 삶이 바뀌기만을 바란다면 대단히 양심 없는 욕심쟁이다. 놀기만 하고, 노력하지 않았는데 저절로 성공하고 돈도 많아진다면 그것이야말로 불합리한 세상일 것이다.

아무것도 하지 않으면서 변화를 바라고, 불평불만을 늘어놓는 행위는 자신을 썩게 만든다. 사람은 하는 대로 된다. 그러니 지금의 삶에 만족하든지, 아니면 최선을 다하든지. 둘 중 하나는 해야 한다.

어중간한 태도는 어중간한 인생으로
굳어질 뿐이다.

평범한 하루가
근사해지는 방법

좋아할 수 있는 대상이 존재한다는 것만으로 지극히 평범한 하루가 근사해진다. 그 대상은 생물이어도 좋고, 무생물이어도 좋다.

연인이든, 짝사랑이든, 연예인이든, 반려동물이든, 작품이든, 책이든, 음악이든, 드라마든, 스포츠든, 캐릭터든, 아바타든, 게임이든 상관없다.

그저 마음을 쏟아내 아낌없이 좋아한다는 사실이 중요하다. 그 사실 하나로 하루가 설레고 상상보다 커다란 위안을 얻는다.

입버릇처럼 내뱉는 "삶에 낙이 없다" 할 때의 그 낙이 되어 준다. 무언가를 좋아하는 일 자체가 꽁꽁 닫혀있는 마음의 문을 활짝 열어버리는 행위이기 때문이다.

좋아하는 가수와 배우의 복귀가 얼마나 설레고 기대되던가. 좋아하는 드라마의 다음 편이 얼마나 기다려지던가. 좋아하는 영화의 개봉일, 선수의 경기일, 작가의 차기작 출간일이 언제인지 몇 번을 확인했었나. 아끼는 친구를 보려고 시간을 비워두지 않았나. 사랑하는 연인을 만나려고 모든 일을 뒷전으로 미루지 않았던가.

그것이 좋아하는 마음의 힘이다.
그곳이 바로 행복이 드나드는 길목이다.

시간이 지나야
아름다움인 걸 안다

 지나야 아름다움인 걸 안다. 어릴 적 처음 느낀 짝사랑은 몹시 초라했다. 그 마음 자체가 아름다운 거라곤 상상도 못 했다. 지나 보니 그만큼 순수한 사랑은 없더라.

 아무런 대가를 바라지 않고, 아무런 조건도 따지지 않고, 오로지 그 애의 존재만으로 설렜다. 멀리서 그 애의 모습이 보이기만 해도 심장이 빠르게 뛰었다.

 그 애의 목소리만 들려와도 몸이 굳었다. 내 마음이 왜 이런 것인지, 이게 무슨 감정인지 감도 못 잡을 만큼 아무것도 몰랐다. 잡생각이 없었고 불순물이 없었다.

살면서 가장 투명하고 아름다운 마음을 지녔던 순간 중 하나였다. 이외에도 아름다운 순간이 제법 있었다. 바라는 것 없이 누군가를 도왔던 일 말이다.

학교 폭력을 당하고 있는 애를 돕고자 몸이 먼저 반응하여 뛰쳐나갔던 일. 그리 가까운 사이는 아니어도 도움이 필요했던 반 친구의 병문안을 가서 진심으로 응원했던 일. 나쁜 길로 빠지려는 친구를 몇 번이고 설득하면서 말렸던 일.

이처럼 우리는 인생에서 가장 아름다운 순간을 그 순간에는 모르는 채로 살아간다.

사랑의 가르침

사랑은 웃는 법을 먼저 알려주고
나중에 우는 법을 알려줬다.

사랑은 살아가는 이유를 먼저 주고
나중에 살 수 없는 이유를 알려줬다.

사랑은 영원을 바라게 만들고
나중에 영원은 없다는 걸 알려줬다.

모든 게 떠나버리고 안다.
사랑도 삶처럼 지나간다는 것을.

사람은 억지로
붙잡는 게 아니다

"엄마아아아!!"

현관문을 붙잡고 집이 떠나갈 듯 엉엉 우는 친구. 세상을 잃은 거처럼 큰 소리로 우는 아이가 우리 집 현관에 있었다.

6살 때 일이다. 어릴 때 기억은 많이 흐려졌지만, 아직 남아있는 기억도 있다. 그중에는 지금도 그때의 장면이 눈앞에 떠오를 만큼 또렷한 기억도 있다. 주로 충격을 받았을 때의 장면이 그렇다.

유치원 단짝인 친구가 우리 집에 놀러 온 적이 있었다. 부모님은 일이 있어서 저녁에 돌아오신다고 한 날이다. 외출 전, 혼자 집에 있어야 하는 내게 현관문 잠그는 법을 몇 번이고 반복해서 알려주셨다. 현관문의 잠금장치는 원형의 자물쇠를 돌리면 철커덕 잠겼다. 일러준 대로 문을 단단히 잠갔지만, 그래도 나 홀로 집에 있기가 무서웠다.

낮이었지만 무서운 마음에 아파트 옆 동의 친구 집에 갔다. 한데 친구 집엔 특별한 장난감도 없었고 심심했다. 우리 집에 재밌는 장난감이 많으니 놀러 가자고 친구를 꾀었다. 우리 집에는 당시에 핫한 장난감인 레고가 무려 10개나 있었다. 친구가 나의 자랑을 듣고는 눈을 반짝이며 "진짜? 진짜?"라는 감탄사를 반복했다.

그렇게 친구와 함께 우리 집으로 돌아와서 레고를 조립했다. 아까 아침에 배운 대로 문단속도 잊지 않았다. 현관문을 잠그고 조그만 레고는 각자 조립하고 큰 레고는 둘이서 조립했다. 설명서의 그림대로 조립해도 우리가 조립한 건 어딘가 어설펐다. 조막만 한 고사리 손으로 조립하다 보니 이것저것 빠뜨린 모양이다. 그래도 친구와 난 무척 즐거웠다.

시간이 가는 줄 모르고 서너 개의 레고를 완성했더니 어느덧 해가 졌다. 어둑어둑해진 방은 햇볕이 들던 낮보다 서늘했다. 그런 기온을 느꼈는지 친구는 조립하다 말고 갑자기 집에 가겠다고 했다. 부모님은 아직 돌아오지 않았고 혼자 남겨질 생각을 하니 덜컥 겁이 났다. 친구에게 하던 건 끝까지 조립하고 가라고 권했지만, 친구는 집에 갈 거라는 말만 반복했다.

왠지 서운해진 나는 "잘 가"라며 자리에서 일어나지도 않고 하던 것을 마저 조립했다. 친구는 "응, 안녕"이라는 말을 끝으로 현관문으로 향했다. 그러나 문은 열리지 않았다. 친구는 현관문의 잠금장치를 풀 줄 모르는 눈치였다. 마침 혼자 있기 겁이 났던 나는 속으로 잘 됐다 싶었다. 곧 엄마 아빠가 오신다고 했으니까 그때 열어주실 거라며 그때까지 마저 조립하자고 했다. 그러면 부모님이 올 때까지 함께 있을 거로 생각했다. 하지만 아니었다.

갑자기 엄마를 찾으며 서럽게 울기 시작하는 친구. 나는 당황했고 우는 친구를 달래봤지만, 더욱 큰 소리로 엄마를 찾을 뿐이었다. 방에 있던 레고를 현관까지 들고 와서 다시 이거 하자고 설득했지만, 친구는 쳐다보지도 않고 엉엉 울었다. 속이 몹시 답답하고, 미안하고, 불안해졌는데 그 감정이 죄책감이라는 것은 훗날에 알았다.

결국 현관문을 열어 주었고, 친구는 뒤도 돌아보지 않고 울면서 집으로 뛰어갔다. 그 뒷모습을 보며 죄책감이 커졌고 왠지 모를 서운함과 외로움도 동시에 커졌다. 혼자 남겨진 게 무서워진 나는 거실과 방의 모든 불을 다 켜고 티브이도 큰 소리로 켰다.

아직 어려서 머리로, 논리적으로는 알지 못했다. 그렇지만 피부로 알게 됐다. 내가 무섭고 외롭다고 상대를 붙잡아두는 것은 하면 안 되는 일임을. 사람은 억지로 붙잡는다고 붙잡히는 게 아님을.

2부

좋은 관계의 시작은 나로부터 시작된다

당신이 있어서 다행이다

🌙

당신이 있어 다행이다. 남은 나를 단단한 사람으로 보겠지만, 실상 속은 그렇지 않다. 쉬이 부러지고, 꺾이고, 비틀린다. 곧지 못하고 울퉁불퉁한 마음의 날이 많다.

나름대로 곧고 튼튼하게 중심을 지키며 살다가도 어느 날 안 좋은 일이 닥치면 흔들리기 시작한다. 어찌어찌하여 잘 넘길 때도 있지만, 그렇지 못할 때가 더 많다.

넘기지 못할 때면 걷잡을 수 없이 흐트러진다. 감정 기복이 심한 날이 잦아진다. 괜스레 짜증이 나고 하는 것마다 되지 않는 것처럼 느껴져서 심통이 난다.

열등감이 차올라서 자책이 심해지고 타인이 밉게 보인다. 작은 실망을 크게 여기게 된다. 무엇을 해도 안 될 사람처럼 심각하게 자책한다.

잘난 사람을 보면 괜히 질투와 시기심이 생긴다. 굳이 밖으로 내뱉진 않지만, 마음속에서 어떻게든 깎아내릴 만한 이유를 찾는다.

이처럼 못난 날의 내가 잘난 날의 나보다 많다. 그런 나를 엇나가지 않게, 쓰러지지 않게 지탱해주는 건 당신이 곁에 있어서다. 곁에 있는 사람이 당신이라서 참으로 다행이다.

세상에 영원한 건 없지만, 영원을 바란다

 세상에 영원한 건 없다지만, 영원하길 바라는 마음은 늘 생겨난다. 영원을 바라는 이도 가능할 것이라고 믿을 만큼 바보가 아니다. 영원을 바라는 마음 너머엔 그 무엇보다 소중하다는 의미가 담겨 있다. 어리석다고 할 것이 아니라, 그 간절한 마음을 먼저 마주 봐야지. 몹시 소중한 나머지 절대 잃기 싫다는 마음이기에.

 변질하거나 변하는 것도 원치 않는다. 변치 않는 반짝임으로 영원히 간직하고 싶다. 영겁의 세월 동안 변하지 않는 다이아몬드가 최고의 보석으로 불리며 사랑받는 이유다. 인간의 간절한 그 마음을 형상화한 물질이니까. 그래서 결혼반지에 주로 쓰이며 영원한 사랑을 상징한다.

다이아몬드는 지구상에서 가장 단단한 물질인데 한 가지 원소인 탄소로만 이루어졌다는 점도 흥미롭다. 한 가지 마음을 지니고 가장 단단하게 영원불멸로 빛나니까 말이다. 그것은 실로 우리가 궁극적으로 바라는 모습이니까. 다이아몬드와 같은 사랑을 하고 싶다. 불가능해 보여도 기필코 영원할 것이라며 세상에서 가장 단단한 믿음으로 지켜내는 사랑 말이다.

노력이
배신하는 시기

노력해도 노력대로 안 되는 시기가 있다. 기대했지만, 결과가 기대에 미치지 못할 때 특히 그렇다. 그동안 무거워서 겨우 짊어져 온 노력의 무게가 부족한 결과 때문에 마치 아무것도 아닌 거처럼 가볍게 흩날린다.

이럴 때면 허탈함과 무력감이 동시에 찾아온다. 이런 결과를 받아들일 준비 따위는 되어 있지 않아서 꼼짝없이 당한다.

더는 할 수 있는 게 없는데, 주어진 상황에서 할 수 있는 최선을 다했는데, 이 악물고 버텨온 시간이 얼마인데, 그동안 날린 기회비용이 얼마인데.

세상이 알아주지 않는다. 억울하다. 특정하여 누구를 탓할 수도 없는 문제라 더더욱 고독하고 속상하다. '부족한 내 탓이지'라며 태연히 넘기기엔 그동안의 노력이 너무 아깝다.

앞이 캄캄해진다. 가슴이 답답해진다. 늪처럼 끝없이 침전한다. 그렇게 좌절을 제대로 겪는다. 낭만이나 꿈이 사치품이 되어 버린 일상이다. 너무 지쳤다. 쉼이 필요하다.

한동안 아니, 오늘 하루만이라도 아무런 생각 말고 그냥 쉬어야겠다. 존재하는 모든 것에서 한발 뒤로 물러나 그저 쉬어야겠다.

시간을 내어주는 건
생명을 내어주는 것

 시간을 내어주는 것은 생명의 일부를 주는 것과 같다. 생명은 단순히 살아서 숨 쉬고 움직이는 것만 뜻하지 않는다. 사람으로서의 생명이란 주어진 시간을 어떻게 보내는지, 무얼 하고 사는지가 곧 그 사람 자체이자 생명이라고 할 수 있다.

 생명에게는 시간이 한정적으로 주어지고 그 시간을 어떻게 쓰는지가 삶의 전부이기 때문이다. 시간 낭비는 가장 아깝고 화나는 일이라고 할 수 있다. 생명을 낭비하는 것과 같으니까.

의미 없고 쓸데없는 대상에겐 전혀 내어주고 싶지 않은 유일무이한 자산이다. 가급적 귀한 사람과 귀중한 일에 쓰는 것이 좋다. 그렇다고 귀한 것이 대단히 특별한 것은 아니다. 진정으로 원한다면 그게 곧 귀한 것이 된다.

나에게 의미가 있는 사람, 마음이 동할 만큼 보고 싶은 사람, 자신에게 뜻깊은 일, 자꾸만 하고 싶은 일. 이처럼 누가 시키지도 않았는데 스스로 원하는 것들 말이다.

타인이 보기에는 소소하거나 하찮을 수 있다. 비효율적이고 어리석어 보일 수도 있다. 그러나 그건 타인의 시선일 뿐. 나 자신에겐 귀한 것이 백번 맞다.

생명은 귀한 것이기에 귀한 곳에 써야 한다.

장거리
연애

"뚜르르르르르르릉–"
"지금 열차가 들어오고 있습니다."

이 경고음이 그녀는 몸서리치게 싫었다. 어느 KTX 역. 그녀는 역에서 열차를 기다리며 사랑하는 사내의 품에 안겨 있었다. 결코 떨어지기 싫다는 듯, 그의 품속에 깊숙이 얼굴을 파묻은 채.

자신이 타고 떠나야 하는 기차가 접근하고 있음을. 이별의 순간이 가까이 다가오고 있음을. 역에 울리는 열차 접근 경고 안내방송이 그 사실을 알렸다. 둘은 여전히 서로를 감싸 안은 채로 역 난간에서 조금 물러섰다.

"쿠우우우우우우-"
"끼이이이이이익-!"

   길이가 긴 기차답게 들어오는 시간과 멈추는 시간도 상당했다. 기차가 멈추며 내는 귀를 찌르는 듯한 브레이크 소리도 그만큼 길었다. 그녀는 그의 몸통을 두르듯 감싸고 있는 팔에 더욱 힘을 주었다.

   이대로 헤어지기 싫다는 신호였다. 그 마음을 잘 아는 그가 그녀의 얼굴을 쓸어올렸다. 촉촉한 눈을 살짝 마주치더니 이마부터 눈, 볼, 입술까지 골고루 입맞춤하며 말했다.

"금방 다시 만나면 돼."

   둘은 장거리 연애 커플이다. 그래서 1주일이나 2주에 1번 주말에 만나 사랑을 했다. 더 자주 보고 싶었지만, 서로의 여건상 그러지 못했다. 각자의 직장이 있고, 사는 곳이 멀었고, 그에 충실해야 했기 때문이다.

이 사람과 최소 1주일 이상 떨어져 있어야 한다는 생각에 왠지 모르게 가슴이 저미었다. 이 애틋함이 강렬할수록 그녀는 그를 얼마나 사랑하는지 실감할 수 있었다. 이런 마음을 아는지 모르는지 열차가 떠나겠다며 품에서 그녀를 떼었다.

그의 배경으로 하늘가에 붉은 노을이 번지고 있었다. 그녀의 눈시울도 덩달아 붉어졌다. 오색영롱한 저녁노을이 얼굴에 어려 더욱 사랑스러워 보였다. 객차에 타려고 붐비는 승객이 모두 탑승한 후, 마지막에 그녀를 태웠다.

객차 문이 닫히기 전까지 잠깐의 시간. 열차 쪽으로 바짝 다가간 그가 객차의 계단을 반쯤 오른 그녀의 손을 잡고 돌려세웠다. 멀리서 호루라기 소리가 들렸다. 안전을 위해 열차에서 떨어지라고 급히 손짓하는 철도청 직원이었다.

그는 아랑곳하지 않고 작별 인사하듯 마지막으로 그녀의 입술에 진하게 입을 맞췄다. 붉은 노을 탓인지 더 붉어진 볼을 한 그녀는 객차의 계단을 마저 올랐다.

"뚜, 뚜, 뚜-"
"푸슈욱-"
"철커덕!"

객차 문이 닫혔지만, 서로는 여전히 서로를 마주 보고 서 있다. 달라진 점은 개폐 문의 두꺼운 유리가 둘의 사이를 가로막고 있다는 점이다. 서서히 출발하기 시작하는 열차. 그는 봄바람 같은 미소로 손을 흔들며 그녀를 배웅했다.

기분 처지지 말라고 말하는 것만 같았다. 그녀는 창밖의 그 미소를 마주하고는 말로 설명하기 힘든 행복감과 아련함을 동시에 느꼈다. 가슴속이 충만해짐과 동시에 몹시 중요한 무언가를 두고 떠나는듯한 감각이었다.

잠 못 드는 밤

잠이 들려고 해도
까닭 없이 잠이 오지 않았다.

누가 자꾸 찾는 것만 같았다.
누가 무얼 찾는 걸까.

밖의 소리는 들리지 않았다.
새벽다운 정적이 방을 메웠다.

문득 방안의 거울이 보였다.
아, 내가 그리움을 좇는 소리였다.

나를 혼자 두지 말라고
깊은 곳에서 소리가 들렸다.

나를 망치는 환경

환경 때문에 서러울 때가 있다. 환경은 개인의 의사와 무관하게 주어진다. 문제는 환경이 의사와 무관한 것을 넘어서 의사와 반대되고, 방해하고, 부정적인 영향까지 끼칠 때가 있다는 사실이다.

의기투합하여 앞으로 나아가도 부족한데, 온 힘을 다해서 열심히 하는 사람을 도리어 방해하는 생활 환경 때문에 설움을 느끼게 된다. 이런 생활 환경은 가정환경부터 사회 환경까지 의외로 많다.

무얼 하려고 하면 우려 섞인 반대부터 하는 부모. 집안일도, 가족 관계도 개선하기 위한 노력은 하지 않고 오랜 세월 변하지 않는 나태한 배우자. 하루가 멀다고 사고 치는 자식. 자기 기분에 따라 직원을 막 대하는 상사와 은근히 눈치 주는 동료가 있는 직장. 교수, 선생, 선배, 동창이 괴롭히는 학교. 부정적인 말과 비교를 일삼는 친구 등.

이처럼 다양한 환경에서 문제가 생길 수 있다. 문제가 단발성으로 그친다면 참으면 되지만, 그렇지 않고 끝도 없이 반복된다면 그들과 갈라서더라도 환경을 바꿀 필요성이 있다.

그들이 아무리 소중하다 한들
당신보다 소중할 순 없다.
당신이 먼저다.

정신이 건강해지는 14가지 행동

1. 사랑
2. 무엇이 아픈지 정확하게 써볼 것
3. 온수로 샤워
4. 절친한 사이와 만남
5. 마음 편한 대화
6. 좋아하는 영화, 음악 감상
7. 물소리 듣기 - 빗소리, 시냇물, 파도 소리
8. 바다 여행
9. 예쁜 카페
10. 밝은 달을 눈에 담기
11. 고요한 산속의 사찰 방문
12. 짧은 글, 책 읽기
13. 산책
14. 반신욕, 거품 목욕

살다 보면 마음이 소란하고, 머리가 아프고, 숨을 쉬기 어려운 날이 지겹도록 이어질 때가 있다. 그러나 일상에서 조금만 시선을 옮겨보면 나를 쉬게 하고 숨통을 틔워 주는 고마운 것들이 가득 있다.

그동안 마음과 시야가 좁아진 탓에 보지 못하고 지나쳤을 뿐이다. 언제든 스스로 원한다면 마음을 물로 씻어 내듯 씻을 수 있다.

쉼이 필요할 때, 제대로 쉬는 것. 정신이 복잡할 때, 단순하게 일을 처리하는 것. 이런 행동들이 자기 자신을 지혜롭게 사랑하는 비결이다.

게으르고 어설퍼도
인간적인 사람

🌙

 조금 게으르면 어떤가. 조금 어설프면 어떤가. 서둘러 빨리빨리 하지 않아도 된다. 빈틈없이 완벽하게 하려고 하지 않아도 된다. 조급해하지 않는 것. 완벽하지 않아도 행하는 것. 거기서 얻는 것이 훨씬 더 크다.

 조급해하지 않으니 여유로울 수 있고, 완벽하지 않아도 되니 부담이 줄어든다. 중요한 건 이러나저러나 어떻게든 하면 된다는 사실이다. 꾸준하면 느린 거북이도 빠른 토끼를 잡을 수 있는 것이 인생이다.

조금 게을러서 천천히 이루지만, 여유로울 수 있다. 여유가 있는 만큼 다정한 사람이면 된다. 조금 어설픈 면이 있어서 완벽하진 않지만, 그만큼 인간적인 면을 지닌 사람이면 된다.

　　은은한 별빛처럼 아름다운 매력을 스스로 낮잡아 볼 이유는 없다. 압도적이고 대단하여 존경받는 그런 매력은 아닐지 몰라도, 사람끼리 마음을 이어주는 매력이다.

　　서로 닮은 점을 공유하게 한다. 말이 통하고 공감이 간다. 차가운 인간관계 속에서 온기를 느낄 수 있게 한다. 완벽하지 않고 느려도 다정하며 인간적인 당신이 참 좋다.

무얼 내려놓아야
마음이 편할까

무얼 내려놓아야 마음이 편해질까. 상담이나 위로받을 때, 내려놓으면 편해진다는 말을 자주 듣는다. 한데 정작 무얼 내려놓아야 할지 모를 때가 대부분이다.

편해지고 싶건만, 구체적으로 무엇을 어떻게 하는 건지 모르겠다. 그럴 땐 과하고 지나친 것을 내려놓으면 된다. 과하게 집착하거나, 지나치게 걱정하는 것 말이다.

온종일 머리에서 떠나지 않는 일, 생각에 골몰히 빠져들게 만드는 상대, 깊이 상처받은 심한 말, 어찌할 수 없는 괴로운 상황, 도저히 이해할 수 없는 행동, 불쾌하고 짜증 나는 태도, 모욕감을 준 사람 등등.

이처럼 다양한 것들이 지나치고 과한 것이 될 수 있다. 공통점은 나를 힘들게 한다는 점이다. 머릿속을 떠나지 않고, 정신적으로 아프게 한다.

이런 생각을 내려놓는 것이 필요하다. 계속 생각한다고 해결되는 문제가 아니니까. 내려놓는 방법은 '그러든 말든', '그래서 어쩌라고' 태도를 취하는 것이다.

이는 뻔뻔한 태도가 아니다. 스스로를 지키는 방어다. 피해를 주는 게 아니라, 피해를 받는 상황이기에 이런 단호한 태도가 필요한 것이다.

가해자는 상대고,
피해자는 나라는 사실을 잊지 말길.

마음이 예쁜 사람 13가지 특징

🌙

1. 자신이 좋은 사람인 걸 모른다.
2. 자기는 매력이 없는 줄 안다.
3. 폐 끼치는 걸 두려워한다.
4. 거절을 잘 못한다.
5. 눈치를 많이 본다.
6. 타인에게 관대하고 자신에게 엄격하다.
7. 자주 자책한다.
8. 책임감이 강하다.
9. 싫은 소리를 못 한다.
10. 모두가 잘 되길 바란다.
11. 주변의 기쁜 일을 자기 일처럼 기뻐한다.
12. 고마운 사람에게 어떻게든 보답한다.
13. 사소한 일에 감동한다.

마음이 예쁜 사람일수록 주위를 신경 쓰게 된다. 애정 어린 시선으로 섬세하게 사물과 현상을 바라보기에. 그래서 남들보다 빨리 방전되고 쉽게 지친다. 받아들이는 정보의 양이 많고, 공감하느라 감정 소모가 크기 때문이다.

지쳤는데도 태도를 지키려고 노력한다. 자기 편한 대로 하고 멋대로 놓아버릴 법도 한데 끝까지 최선을 다한다. 그 마음이 특별히 예쁘고 아름다운 이유다.

어둡고 삭막한 사회 속에서 별빛처럼 반짝이고 있다. 이런 고유의 매력을 마음 깊이 품은 사람이 그대다. 은은히 깨닫길. 밤하늘의 별처럼 반짝이는 당신임을.

살다가
넘어졌을 때

살다 보면 넘어질 때가 있다. 어리석은 자신의 실수로 넘어지기도 하고, 악랄한 타인에 의해 넘어지기도 한다. 넘어지면 주저앉고, 뒤처지니 억울하고 분하다. 나만 빼고 앞서간 다른 사람들이 밉다. 혼자 뒤처지게 만든 시간이 야속하다. 인생이 깊은 수렁에 빠진 것 같고, 앞으로도 계속 이런 삶일 것 같아 막막하고 불안하다.

가슴이 아프고, 잠도 설치고, 짜증이 나고, 안타깝다. 화내고, 욕하고, 소리치고 싶다. 하지만 그런다고 넘어진 일이 없었던 일이 되지는 않는다. 시름에 빠져 수렁 속에서 보낸 시간은 내 인생이 아닌 건가. 넘어진 것도 내 삶이다. 포기하고 좌절했던 것도 내 인생이다.

다만 일부분이다. 오히려 좋다. 전부가 아닌 일부이기에 얼마든지 다시 할 수 있으니까. 넘어져 본 사람만이 그 아픔을 알 수 있다. 어떻게 대처해야 다음엔 넘어지지 않을지도 알 수 있다. 아는 것은 곧 지혜다. 지혜롭게 생각하고 앞으로 나아갈 힘이 생긴 셈이다.

넘어지는 건 심각한 일이 아니다.
툭툭 털고 일어나 다시 나아가면 된다.

사랑을 눈에 보이게 하는 방법

사랑은 늘 확인하고 싶은 마음이 생긴다. 개인차는 있겠지만, 연애할 때 상대방이 사랑을 시험하고 확인하려고 한다는 걸 느낀 적이 있을 것이다. 인간은 보이지 않는 것을 두려워하고 불안해하는 심리가 있다.

사랑은 마음속에 존재하는 것이므로 물질처럼 당장 눈앞에 가져다 보여줄 수 없다. 따라서 보이지 않는 사랑을 자꾸만 확인하고 싶어 하는 마음이 자연스레 생기는 거다.

지극히 인간적인 욕망이다. 사랑받고 싶어 하는 것. 보이지 않는 것을 확인하고 싶어 하는 것. 그러니 반복되는 그것이 때론 귀찮고 피곤할지라도 그럴 때마다 매번 안심시켜주는 것이 좋다.

보이지 않는 사랑을 상대의 눈에 보이게끔 실체화하는 방법이 있다. 마음을 행동으로 보여주는 것이다. 눈을 한 번이라도 더 마주 보는 것.

말 한마디라도 더 신경 써서 전하는 것. 보고 싶을 때 언제나 곁에 있는 것. 손을 자주 잡는 것. 틈이 날 때마다 따뜻하게 안아주는 것. 걱정하지 않게 자주 연락하는 것.

이런 구체적인 행동이 보이지 않는
사랑을 보이게끔 실체화한다.

불나방

지난날은 환상이었을까.
덧없음이 허망하다.

사람은 믿으면 안 되는 것일까.
불신이 가득하다.

마음은 담을 수 없는 것일까.
허기지고 공허하다.

덧없고, 불신하고, 비었지만,
너와 살았던 추억만은 반짝인다.

빛을 좇는 불나방이 이런 것일까.
제 몸을 태워도 반짝이는 것이 좋구나.

물냉면과
비빔냉면

🌙

"네가 먼저 짜증 냈잖아!"

둘은 툭하면 싸웠다. 연애한 지 석 달밖에 되지 않았지만, 누구 하나 져줄 줄 몰랐다. 서로가 이겨 먹어야 하는 성격이었다. 사소한 다툼이 항상 큰 싸움으로 번졌다. 하루는 점심을 먹으러 자주 가는 냉면집에 갔다.

평소대로라면 그녀는 물냉면, 남자친구는 비빔냉면이었다. 하지만 이번엔 같은 메뉴로 통일하고 싶은 괜한 오기가 생겼다. 같이 물냉면을 먹자고 권했다. 그녀는 비빔냉면을 싫어하고 물냉면을 좋아했다. 그는 그 반대였고 말이다.

그가 단칼에 거절하더니 비빔냉면을 시켰다. 비빔냉면이 먹고 싶고 물냉면은 별론데 왜 굳이 물냉면을 시켜야 하냐며 심드렁했다. 그러자 그녀가 한 번쯤은 같이 물냉면을 먹어주면 안 되냐고 따졌다. 그러면 다시 그가 싫은데 왜 꼭 그래야만 하냐고 반박하는 식이었다.

둘의 다툼은 매번 이랬다. 사소한 걸 삼키는 법이 없이 곧이곧대로 표현하는 타입이었다. 누가 먼저랄 것도 없이 할 말을 다 하니까 다툼이 잦아들 날이 없었다. 그런데도 그녀는 그를, 그는 그녀를 좋아했다.

서로 생각하는 것과 호감을 느끼는 지점이 똑 닮아서 죽이 잘 맞았다. 개떡같이 얘기해도 찰떡같이 알아듣는다. 대화가 잘 통했고 서로의 장점을 존경했다. 기분파인 것도 같아서 둘이 놀 때면 지구라는 별에 단둘이 남은 것처럼 신나게 다녔다.

그녀는 여태껏 모든 연애를 자기 뜻대로 해왔다. 전 남자 친구들이 항상 자기를 찾아오게 했고, 무릎을 꿇리고 싶으면 무릎을 꿇렸다. 상대가 얼마나 돈이 많든 적든, 능력이 뛰어나든 아니든, 상관없이 기분대로 연애를 지배했다. 그렇게 의도하고 행동하면 자기 뜻대로 모두 이루어졌다. 전 남친들은 그녀의 눈치를 살피기 바빴다. 한데 그는 달랐다. 뜻대로 되는 게 하나도 없었다. 고집이 센 편이라 믿고 살아왔는데 그는 비교하기 힘들 만큼 쇠심줄이었다.

똑똑하고 말도 잘해서 반박하기 힘들었다. 말다툼하면 논리에서 밀리다가 화를 참지 못하고 손에 쥐고 있던 휴대폰을 바닥에 집어 던지곤 했다.

근데 웬걸, 짜증이 나서 토라져 있다가도 그가 슬며시 다가와 껴안으면 짜증이 눈 녹듯 사라졌다. 그러려고 그러는 것도 아닌데 그냥 녹았다. 그와 자주 싸우면서도 더 좋아하게 되는 이유였다.

그와 있으면 어디를 가나 주인공이 되는 느낌을 받았다. 어느 날은 드라마의 명장면을 찍는 주인공이었다가, 어느 날은 시트콤의 웃긴 장면 속 주인공이었다가, 어느 날은 19금 영화의 파격적인 베드 신의 주인공이었다.

   이 정체 모를 감각이 자꾸만 그를 탐하게 했다. 오늘 밤도 그럴 것이다. 그가 등 뒤로 다가와 긴 팔과 두꺼운 몸통으로 그녀를 휘감을 것이다. 오동통하고 대담한 입술로 온몸 구석구석을 훑을 것이다. 상상만으로 몸이 달아올랐다.

   냉면집에 앉아 주문을 기다리며 잠깐 망상에 빠진 사이, 그는 너무도 태연하게 그녀가 먹을 물냉면 하나와 자기가 먹을 비빔냉면 하나를 시켰다.

"야! 같이 물냉면 먹자니까!"

   짜증이 난 그녀는 분을 이기지 못하고 쥐고 있던 휴대폰을 또다시 바닥에 던졌다.

감정을 참지 말고
표출하길

요즘 들어 부쩍 감정을 억누르고 참는 일이 잦아졌다. 감정이란 누른다고 눌러지는 것이 아니다. 감정을 표현하지 않으면 그게 어디 생명인가.

참고 버틴다고 무조건 해결되는 것도 아니다. 해소되지 않는 건 발산하지 않아서 그렇다. 그렇게 계속 참다 보면 마음속에 응어리가 된다. 속이 답답하고, 일상이 갑갑하고, 기분이 우울해진다.

이런 속 상태가 사람을 예민하게 만든다. 심각하지 않은 일도 심각하게 생각한다. 평소 같으면 대수롭지 않게 지나갈 말도 안 좋은 쪽으로 받아들인다. 처한 상황을 극단적으로 해석하고 최악으로 여기게 된다.

모든 사고가 부정적인 쪽으로 치우치는 거다. 이런 매일매일이 쌓여서 병이 된다. 기계가 아닌 이상, 때론 표출할 줄도 알아야 한다. 지금 한계치라면 상대와 언성을 높이며 싸우는 것도 필요하다.

시원하게 발산하고 쏟아내자. 이를 도저히 못 하겠다면 다른 방법도 있다. 노래방에서 속이 풀릴 때까지 노래를 부르거나, 공원에서 개운해질 때까지 뛰거나, 아무 생각 없이 신나게 때려 부수는 영화를 감상하는 것도 좋다.

대리 만족하거나 직접 몸을 움직여서 풀어야 한다. 당신이 제일 귀하다.

자기도 모르게
눈치를 본다

자기도 모르게 타인의 눈치를 본다. 어릴 때부터 유치원, 초중고, 대학, 직장을 거치면서 자연스레 사회생활과 인간관계를 몸소 익혀왔기 때문이다.

인간관계가 원만하려면 평소 모나지 않은 태도가 중요하다는 사실을 안다. 모난 돌이 정 맞는다고 혼자 튀면 자신만 고생한다는 것을 경험을 통해 익히 알고 있다.

게다가 예의 없고 무개념으로 분류되는 사람이 되어선 안 되기에 태도와 행동을 더욱 조심하게 된다. 이는 대부분 예의 바른 행동이 된다.

하지만 때론 그것이 무의식적으로 자신을 옥죄고 움츠러들게 한다. 타인이 나를 어떤 시선으로 보고 어떻게 생각할까 싶어서 마음을 졸이느라, 정작 자신이 진짜로 원하는 걸 의식하지 못한 채 넘길 때가 많다.

타인의 기준에 따라 내 삶을 맞춰 사는 셈이다. 이것이 반복되면 자신을 잃게 된다. 망설임이 잦아지고 자존감이 낮아진다.

잊지 말자. 내 인생 내가 산다. 남의 시선보다 나의 마음이 시키는 대로 움직여야 한다. 눈치 그만 봐도 된다. 남한테 피해만 안 주면 된다. 그것만으로 이미 충분히 바른 사람이니.

내가 나이기
힘든 세상

내가 나이기 힘든 세상이다. 상황, 환경, 관계, 책임, 의무, 이런 것들로 인해서 간혹 갇혀있다는 생각이 든다. 사방이 온통 벽인데 뛰라고 한다. 그러다 막상 벽에 부딪히면 그 결과와 따라오는 고통에 대해선 아무도 책임지지 않는다.

자유로운 삶을 갈망하지만, 그물에 걸린 듯 행동은 자유롭지 못하다. 반복되는 일과와 사회생활 그리고 인간관계에 길든 내 모습. 자유의 바다가 어떤 곳인지 아는 것이 두려울 만큼 작은 어항에 익숙해졌다.

나는 내가 되는 삶을 살 수 있을까. 부자유스러움은 부자연스러움을 낳고 쉼을 불편하게 만든다. 이내 압박감이 들고 숨을 곤란하게 한다. 나는 진정한 내가 되고 싶지만, 내가 나여야 한다는 강박에 시달리기도 한다.

미숙한 고뇌란 이런 것이겠지. 자아를 찾는 여정은 평생을 해야 하는 것이겠지. 학교를 졸업한다고 해서, 어른이 된다고 해서, 나이를 먹었다고 해서, 늙었다고 해서 저절로 되는 것이 아니기에.

늘 자신을 찾는 길을 가야 한다.
그것이 수많은 방해 속에서
나를 나답게 지킬 유일한 방법이니까.

사랑받고
싶은 마음

누구나 사랑받고 싶은 마음이 있다. 사랑을 원하고 갈증을 느끼고 외로워하는 마음은 인간으로서 자연스러운 것이다. 사랑은 숨과 같아서 매 순간 필요하다. 숨을 쉬어야 생명이 유지되는 것과 같은 진리다.

그 당연함을 나이가 많은 어른이라는 이유로, 나이가 어린 아이라는 이유로, 오래된 연인의 권태기라는 이유로, 세월이 잔뜩 흘러버린 부부란 이유로 사랑받지 못한 채 참고 살아야만 한다면 옳지 않다.

살다 보면 여러 서러운 일을 겪지만, 알고 보면 사랑받지 못한 게 설움의 바탕이 될 때가 많다. 별거 아닌 일에 예민하게 굴고 짜증을 내기도 한다. 알아주는 이가 없으니 아무것도 아닌 일에 서러워서 눈물부터 쏟기도 한다.

심각한 일이 아닌데 자존감이 낮아지고 자신감을 잃고 방황하기도 한다. 쉽사리 범죄나 나쁜 유혹에 빠지고 물들고 어긋나기도 한다. 정신적으로 문제를 겪고 불면증에 시달리며 약에 의존하기도 한다.

이런 다양한 문제점이 사랑의 결핍으로 인하여 발현되는 경우가 정말 많다. 잊어선 안 된다. 사람으로 태어났으니 누구나 사랑받을 자격이 있다. 당신은 사랑받을 자격이 충분한 사람이다.

나보다 너다

네가 좋아하니 나도 좋고
네가 싫어하면 나도 싫다.

네가 웃으니 나도 웃고
네가 울면 나도 눈물이 난다.

나를 우선하며 살던 삶이
너를 우선하는 삶이 되고

내가 누구인지 궁금함이 줄고
너의 하루가 어땠는지 궁금하다.

날이 갈수록 나보다 너다.

세상에 멋진
사람은 없다

🌙

 세상에 멋진 사람은 없다. 그런 건 환상일 뿐, 존재하지 않는다. 사람은 "응애" 울면서 태어나지, "멋쟁" 외치며 태어난 자는 없으니까. 단지, 멋있어지려고 노력하는 사람이 있을 뿐이다.

 자신의 추함을 정면으로 마주할 줄 알고, 부족함을 노력해서 메울 줄 알고, 극복하고, 멋을 추구하는 건 가능하니까. 그 노력이 쌓여서 멋을 만드는 건 틀림없는 사실이니까.

 멋진 사람이 되려고 마음먹고 실천하는 것이 중요하다. 살면서 주변의 지인이든, 티브이, 유튜브, SNS에서 보게 된 사람이든 타인을 보고 마음 깊이 멋있다고 생각하고 반했던 적이 있을 것이다.

그대로 따라 하면 된다. 멋있다고 생각한 부분만 말이다. 멋의 기준은 타인이 아니라, 자신이 정하는 것이다. 내가 멋있다고 생각한 사람이 실천한 것을 나도 똑같이 실천하면 멋있는 사람이 된다.

 불굴의 의지가 멋있으면 그 의지를 배우고, 자기 관리로 가꾼 몸매가 멋있으면 운동을 시작하고, 말하는 태도와 어휘가 멋있게 느껴졌으면 그렇게 말하도록 연습하는 것이다.

 멋없는 것도 마찬가지다. 스스로 기준을 세운 후 멋이 없다고 생각이 드는 건 하지 않으면 된다. 아주 작은 실천부터 멋있어지자. 마음만 먹으면 누구나 멋있는 사람이 될 수 있다.

사람은 온기가 필요하다

🌙

 무너져내릴 듯 힘들어하면 말없이 들어주고 안아주길. 이미 혼자 숱하게 견디고 견딘 끝에 무너지는 거니까. 안 보이는 곳에 숨어 버티고 버티다가 이젠 이렇게 보일 수밖에 없는 곳에서 우는 거니까.

 사람이라면 누구나 기대고 싶은 날이 있는 법이다. 혼자선 도저히 감정을 주체할 수 없는 날. 은근하게 바라게 된다. 먼저 연락 오는 사람이 있었으면. 힘듦을 알아주고 조심히 다가와 줬으면. 아무 말 없이 안아주는 사람이 있었으면.

셀 수 없이 잘 참아왔다. 한데 도저히 안 될 것 같은 날도 있다. 그런 날, 따뜻함이 절실하다. 사람은 온기를 그리워하고 온기에 위로받는 존재다. 그래서 아이는 울음을 터뜨렸을 때 안기기부터 한다.

자기도 모르게 양팔을 벌리고 뛴다. 마찬가지로 양팔을 벌린 부모에게 쪼르르 달려가 안긴다. 본능적으로 포옹이 좋은가 보다. 따스한 체온이 고스란히 전해져오니까.

한기가 드는 날이면 몸서리치게 고독감이 배가 된다. 외톨이, 외로움, 차가움, 추움. 이 단어들은 묘하게 닮아있다. 내 안에 남아있는 온기를 뺏어가는 단어들이라 그렇다. 별수 없다. 속에서 온기가 더는 솟지 않으면 곁에 있는 사람에게 나눠 받아야지.

정원사

꽃길이 따로 있을까.
너와 걷는 길이 꽃길이지.
가시밭길이 무얼까.
네가 없는 곳을 걷는 것이지.

네가 곁에 있으면
뾰족한 가시도 아름다운
장미의 가시로 여긴다.

네가 괜찮다고 말해 주면
가시에 찔려 흘렸던 피도
빨간 꽃잎으로 보인다.

삶이 꽃 같아지려면
실로 네가 있어야 한다.
나를 가꿔주는 네가.

내 사람이다
싶은 사람은

1. 말이 술술 통한다.
2. 생각이 닮은 구석이 많다.
3. 비슷한 우연이 여러 번 겹친다.
4. 재밌거나 예쁜 걸 보면 함께 보고 싶다.
5. 그래서 자꾸만 좋은 게시물에 태그하게 된다.
6. 남한텐 안 그러는데 유독 서로에게 다정하다.
7. 맛있는 걸 먹으면 같이 먹고 싶다고 생각한다.
8. 서로 약속을 잘 지킨다.
9. 서툴고 어설퍼도 싫지 않고 정이 간다.
10. 자주 보고 싶다.

내 사람에게는 평소 오글거린다는 핑계로 잘 표현하지 않지만, 그래도 꼭 한 번쯤 마음을 전하고 싶은 사람이 내 사람이다.

눈빛만 봐도 통하고 공감하는 사람. 시시콜콜한 얘기만으로 밤새 즐거울 수 있는 사람. 속에서 불이 나고, 답답한 일도 전화 한 통이면 많이 진정되는 그런 사람.

수줍지만, 고마운 마음을 쪽지에 적어 바나나 우유와 함께 건네듯 슬쩍 전하고 싶다. 따뜻한 네가 곁에 있어 줘서 나도 조금은 따뜻한 사람일 수 있다. 고맙고 귀한 내 사람.

새하얀 초대장

🌙

거대하고 화려한 궁궐 같은 곳은 아니지만, 비와 바람을 막아주는 지붕과 눈과 추위를 잊게 하는 온기가 자리 잡은 마음속의 작은 공간. 아무도 들이지 않던 이곳에 그대라면 초대하고 싶다.

작고 하얀 초대장을 열어 검정 잉크의 펜을 댄다. 삐뚤대는 글씨지만 한 자 한 자 눌러 쓴 글자에 마음을 담았다. 그대를 향한 마음이 어떠한 것이고, 그대를 볼 때 무슨 감정이 드는지. 무엇보다 우리가 대화를 나눌 때의 기분을 알리고 싶다.

이 기분을 어떻게 표현해야 하는지 정확히는 모르겠다. 다만 사랑과 행복이라는 두 단어 사이 어디쯤 있다고. 갈수록 이런 마음이 커져만 간다고. 수줍게 전할 것이다. 어쩌다 너를 만나 이리도 가슴 설레게 닮아가고 있을까.

생김새가 볼품없이 둔했던 내 마음에 무지개를 이룬 사람. 작고 시린 나만의 공간을 넓고 따뜻한 우리의 공간으로 만들고 싶다. 세상에 하나뿐인 초대장을 세상에 하나뿐인 그대에게 보낸다.

매력적인 사람 특징 12가지

1. 현명한 처세술이 있다.
2. 자기 주관이 뚜렷하다.
3. 피해 의식이 없다.
4. 말을 예쁘게 한다.
5. 삶을 주도한다.
6. 경험하는 걸 좋아한다.
7. 누구 앞에서도 당당하다.
8. 비판, 비난하지 않고 주로 칭찬한다.
9. 존중과 배려를 안다.
10. 과거보다 미래를 말한다.
11. 안 좋은 일을 빨리 털어낸다.
12. 긍정적인 기운을 뿜는다.

자존감이 높은 사람은 매력적으로 다가온다. 자존감이 높으니 피해 의식이 없는 게 가장 큰 장점이다. 피해 의식이 없으니 성격이 모나지 않고 둥글다. 짜증 나는 일도 가볍게 웃으며 넘길 줄 안다.

자기 주관이 뚜렷하니 타인의 말에 휘둘리지 않는다. 딱히 집착하지 않으니 아쉬워하지 않는다. 이런 점이 도리어 어떤 사람인지 궁금하게 한다.

휩쓸리기 쉬운 사회 속에서 중심을 잡고 있으니 무척 드물고 귀하다. 사람은 궁금하고 귀한 것에 끌리는 법이다. 스스로 귀한 줄 알아야 남도 귀하게 여긴다. 언제나 기억하길. 자신이 누구보다 귀한 사람임을.

고생했다
귀한 내 사람

'괜찮겠지, 괜찮아질 거야.'
'시국이 힘들고, 다들 이렇게 사는걸.'
'좀 더, 조금만 버티자. 나만 힘든 거 아니잖아.'

중얼거리곤 상처를 움켜쥐고 걷는다. 상처 틈으로 아픈 마음이 벌건 선혈처럼 흐른다. 그런데도 치유라는 건 어찌하는 건지 몰라서 덧날 때까지 걷는다. 어디까지 가야 하는지도 모르면서 그저 걷고 또 걷는다.

한때 사막의 오아시스처럼 바랐던 목적지가 이제는 신기루처럼 느껴진다. 치열하게 살다 보니 어느덧 꿈과 목표와 행복을 잃어버렸다. 그 자리를 과정에서 겪은 고통과 상처가 대신 메우고 있다.

야속하게도 삶의 모래바람은 늘 앞에서 불어온다. 등을 받쳐주고 밀어주는 바람은 없다. 모래 폭풍처럼 불어닥치는 따가운 바람에 맞서 까치발을 세우고 안간힘을 쓰느라, 성한 곳이 없다.

어떻게든 견디고, 버티고, 쓰러지기 직전까지 고생해도 알아주는 이 하나 없다. 목이 탄다. 갈증이 나서 연신 마른침을 삼킨다.

잠시만 멈추고 말라붙은 목이라도 축이길.
고생했다. 귀한 내 사람아.

지름길이 싫어지고 귀찮음이 좋아졌다

지름길만 찾았던 나지만,
너와 함께라면
먼 길일수록 좋다.
멀리 돌아가서 좋다.

귀찮은 건 질색인 나지만,
너와 관련이 있다면
귀찮은 일이 많을수록 좋다.
자주 볼 수 있어서 좋다.

네가 있어서
해가 천천히 지길 바란다.
달이 머물길 바란다.
곁에 오래오래.

짝지 앞에서 강한 남자

"꺅! 너 양호실 가야 하는 거 아니야?!"
"이 정도야 뭐, 괜찮아."

놀란 목소리로 묻는 연이에게 슬은 태연한 태도로 손사래를 쳤다. 슬은 짝지인 연이 앞에서 최대한 태연한 척 연기하는 중이었다. 슬의 왼 손바닥에는 연필이 깊숙이 박혀있었다.

어느 초등학교 4학년 교실. 슬은 어렸을 때부터 개구쟁이라서 반을 돌아다니며 여러 아이에게 장난을 치곤 했다. 상대방의 말꼬리를 잡고 흉내 내거나, 상대방이 약 오를 때까지 놀린다거나, 몰래 등을 두드리고는 모른 척하거나, 몰래 뒤에서 나타나 간지럼을 태우고 도망가기도 했다.

아이들의 반응은 다양했다. 누구는 함께 따라 웃었고, 누구는 짜증을 냈으며, 누구는 복수하려고 끝까지 쫓아왔다. 누구는 흥미조차 아깝다는 듯 시종일관 무표정했다. 장난은 주로 짜증을 내는 친구에게 많이 쳤다.

그 반응이 제일 재밌었기 때문이다. 함께 따라 웃고 좋아하는 친구는 재미가 없었고, 끝까지 복수하는 애는 무섭기도 했고 말이다. 초등학생은 학교에서 반나절을 보낸다. 교실에는 같은 책상에 나란히 앉아 수업을 듣는 짝지가 있다.

짝지는 좋든 싫든 매일 옆에 붙어있으니 금세 가까워진다. 담임 선생님은 남자애와 여자애를 짝을 지어서 앉혔다. 슬의 짝지는 반에서 인기 있는 여자애인 연이었다.

연은 짝지인 만큼 슬의 개구쟁이 장난을 다른 애들보다 자주 당했다. 그런데도 연은 그럴 때마다 함께 웃었다. 슬의 짓궂은 장난을 모두 유쾌하게 받아줬다.

연이가 계속 그런 반응을 보이니 미안해진 슬은 어느덧 장난치는 걸 관두게 되었다. 장난을 그만둔 후로 연이 앞에서는 사뭇 진지하고 강한 모습을 보였다. 정확히는 센 척을 했다.

그러던 어느 날. 개별 포장지에 쌓인 연필을 뜯으려는데 비닐이 질겨서 잘 뜯어지지 않았다. 슬은 이를 악물었다. 왠지 모르게 약한 모습을 보이기 싫었다. 바로 옆에 앉아있는 짝지, 연이가 보고 있었기 때문이다.

잔뜩 힘주어 뜯으려다가 잘못 뜯었다. 순식간에 일어난 일이었다. 잘못 뜯으며 튕긴 힘의 반동으로 검은 연필심 부분이 고사리 같은 왼 손바닥에 깊숙이 박혔다. 슬은 속으로 크게 비명을 질렀다.

손바닥에 불이 난 것처럼 뜨겁고 고통스러워서 손이 덜덜 떨렸다. 옆에서 지켜보던 연이가 깜짝 놀라서 양호실 가야 하는 거 아니냐고 물었다. 누가 봐도 아파 보였지만, 슬은 아무렇지 않은 표정을 지었다.

떨리는 손을 감추며 최대한 태연하게 괜찮다고 했다. 수업 직전의 얼마 남지 않은 쉬는 시간에 벌어진 일이었다. 슬은 수업 시간 내도록 아무것도 귀에 들어오지 않았다. 옷은 식은땀으로 흠뻑 젖어 있었다.

슬은 앙다문 입술로 끝까지 버텼다. 연이한테 강해 보여야 하니까. 연은 처음에 잠깐 걱정하고는 수업을 듣느라, 슬이 그러든 말든 까맣게 잊었지만 말이다.

슬은 아무런 걱정도 안 하는 연을 보면서
분명히 강해 보였을 것이라며 콧김을 뿜었다.

3부 ★ 놓아야 할 사람과 놓치지 말아야 할 사람

목적을 잃으면
관계도 잃는다

싸울 때, 잘잘못을 따질 때는 목적부터 알아야 한다. 상대와 잘 지내려는 목적인지, 아니면 이별하기 위한 목적인지.

상대와 앞으로 다시는 보지 않겠다고 이별을 마음먹은 상황이라면 상대의 잘못을 들춰내서 추궁해도 된다. 원인과 결과를 따지고, 하나하나 과정을 짚어가며 누가, 언제, 무엇을, 어떻게, 왜 그랬는지, 무슨 잘못인지, 들춰내고, 파헤치고, 욕하면 된다.

이별이 목적이라면 따질 거 다 따지고 시원하게 욕해도 되지만, 이별이 목적이 아니라면 절대 그래선 안 된다. 사실은 잘 지내고 싶은 것인데 홧김에 감정을 주체하지 못하고 따지고 들면 관계가 망가진다.

이 경우에는 가능한 이성을 가지고 접근 방법과 수단을 조심스럽게 골라야 한다. 목적이 이별하는 것이 아니라, 마음을 풀고 다시 잘 지내는 것이기 때문이다. 그럴 땐 모든 걸 다 들추고 파헤치는 건 오히려 독이 된다. 그 정도로 심하게 몰아붙이면 이전처럼 온전한 관계로 돌아가기가 매우 어렵다.

정말로 잘 지내고 싶다면 선을 넘지 않아야 한다. 덮어둘 건 덮어두고, 시치미 떼야 하는 부분은 모른 척해야 한다. 관계를 지키고 싶은 사람이라면 적당히 넘어갈 줄 아는 유연함도 필요한 것이다. 목적을 잃으면 관계도 잃게 된다.

불안하지
않은 인연

깊은 인연은 곁에 없어도 불안하지 않다. 바쁜 사회생활에 치여서 한동안 잊고 지내도 힘든 일이 있으면 생각나는 사람. 각자 정신없이 살다가 뜬금없이 전화해도 반갑게 통화하는 사람.

가슴에 답답함이 쌓일 때면 맥주 한잔하면서 털어놓고 싶은 사람. 이 모든 것이 서로에게 부담으로 다가오지 않고 편하게 소통할 수 있는 그런 사람. 마치 안식처와 같다.

팽팽한 긴장감 속에 돌아가는 날 선 사회생활. 하나하나 신경 써야 하는 인간관계. 그 속에서 마음을 놓고, 온전히 믿고, 의지할 수 있는 사람이 과연 몇이나 될까.

이런 인연을 대수롭지 않게 여기는 건 덜 자랐던 시절에나 가능한 일이다. 나이가 들수록, 인간과 사회를 겪어볼수록, 그런 사람이야말로 귀하고 특별한 인연이란 것을 깨닫게 된다.

이제는 진심으로 바라게 된다. 지금 머무는 자리가 어디이든, 어느 곳에서 무얼 하든, 행복했으면 한다. 가슴속에 한 점 그늘도 없이 온 마음으로 행복을 바라게 되는 사람. 곁에 없어도 곁에 있는 것만 같이 친숙한 그 사람 말이다.

세상의 주인

온종일 현관에서 기다린다.
당신 생각만 하면서 기다린다.
언제 오나. 저 인기척은 당신인가.
고개를 갸우뚱, 들려오는 소리마다 당신인가.

한참을 기다리다가 나만 두고 떠난 걸까.
설움이 뭔지도 모르고 눈가가 젖는다.
끙, 낑 거리는 소리가 저도 모르게 나온다.
나를 잊은 걸까 불안하고 아파서 원망한다.

당신이 사라진 현관문만 바라본다.
아득한 시간이 지나고 문이 열리면
모든 걸 잊고 꼬리를 흔들며 뛰어든다.
기다림도, 불안도, 아픔도, 원망도 씻은 듯 사라진다.

당신이 내 세상의 전부라서.

귀찮아할수록 잃는다

귀찮아하면 할수록 많은 것을 잃는다. 세심한 정성이란 의외로 어려운 일이다. 사람은 자기 몸 하나 건사하기도 귀찮기 때문이다.

하루의 시작인 아침에 일어나는 것부터 귀찮다. 일어나서 바로 하는 스트레칭과 운동이 귀찮아서 미룬다. 아침밥을 차려 먹기 귀찮아서 건너뛴다. 샤워도 귀찮아서 대충 씻는다. 등교나 출근길도 귀찮고 싫어서 억지로 꾸역꾸역 나간다.

일상이 이러할진대 인간관계는 오죽할까. 휴대폰에 저장된 수십, 수백 명에 달하는 지인들의 생일, 기념일, 축하할 일을 모두 기억하고 일일이 챙기는 건 엄두가 나질 않는다.

연애도, 결혼도 마찬가지다. 초기엔 정성을 쏟다가도 익숙해지면 점점 사소한 걸 챙기지 않게 되고 연락마저 귀찮아한다. 알아서 알아주겠지 싶은 생각으로 생략하는 것이 많아진다.

운동을 귀찮아하니까 건강을 잃고, 일하는 것이 귀찮으니 발전이 없고, 사람 챙기는 걸 귀찮아하니 사람을 잃는다. 잃기 싫다면 귀찮아해선 안 된다.

정성이란 아무리 귀찮아도 참고 꾸준히 하는 것을 의미한다. 적어도 자기 자신과 소중한 사람에게만큼은 정성을 쏟을 줄 알아야 한다.

좋은 사람이
좋은 인연은 아니다

아무리 좋은 사람이어도 나를 힘들게 하는 사람은 인연이 아니다. 타인에게 좋은 사람, 남을 잘 챙기는 사람, 학교, 회사, 단체, 사회에서 인정받는 사람, 헌신하고 봉사하는 사람, 인성이 바른 사람, 무엇보다도 내가 좋아하는 사람.

이처럼 좋은 점이 많아도 단 하나가 더 중요하다. 바로 나를 힘들게 하지 않아야 한다. 수많은 장점을 갖췄어도 나를 힘들게 한다면 나머지 것들은 소용없다.

일이 먼저여서 나를 신경 쓰지 않는다거나, 친구나 타인을 챙기느라 나를 뒷전으로 하거나, 사회와 대의를 위해 공헌하느라 가정이 뒷전이거나, 의도하진 않았어도 밖의 힘든 일을 집안까지 끌어들여 나와 가족까지 짊어지게 만드는 사람은 좋은 인연이 될 수 없다.

착하고 옳고 바른 사람일지언정 나와 인연은 아닌 것이다. 타인보다는 나를 우선할 줄 아는 사람이어야 한다. 남에게 다소 이기적이고, 차갑게 굴더라도 나에게 다정하고 따뜻한 사람이면 된다.

우선순위를 나로 둘 줄 알고,
자기 연인과 가족부터 먼저
챙길 줄 아는 사람이 좋은 인연이다.

좋은 관계라는 증거

좋은 관계는 안 좋은 감정도 좋게 풀어낼 수 있는 관계를 말한다. 좋은 관계라면 무조건 예쁘고 좋은 말만 하는 사이라고 생각하지만, 실은 그렇지 않다. 나쁜 감정까지 다룰 수 있는 사이야말로 좋은 관계다.

상대에게 서운함을 느낀 일, 오해가 생겨서 나빠진 기분, 개인적인 사정으로 힘든 상황, 싫은 건 싫다고 하는 것 등 이처럼 부정적인 속내를 부담스럽지 않게 꺼낼 수 있어야 한다.

그래야 나빠질 수 있는 상황을 더는 나빠지지 않게 막을 수 있기 때문이다. 이미 상한 감정도 솔직하게 털어놓고 가감 없이 얘기하는 과정에서 서로를 이해하고 얼마든지 회복할 수 있다.

부정적인 얘기로 상대의 자존감을 깎아내리는 것과는 다르니, 혼동해선 안 된다. 어째서 부정적인 감정이 생긴 건지, 무엇 때문에 기분이 안 좋은지 차분히 설명하고 서로가 상대의 입장에 선다.

문제가 있다면 외면하지 않고 마주 본다. 나쁜 감정이 둘 사이에 먼지처럼 쌓이지 않게 털어 내고, 서로의 속에 앙금처럼 남지 않게 비워낼 줄 아는 것이다.

이런 과정은 비 온 뒤에 땅이 굳듯 사이가 더 단단해지는 계기가 된다. 사이가 나빠질 일을 좋은 쪽으로 풀어내는 것은 좋은 관계라는 증거다.

나를 알아주는
사람

시선은 사람마다 차이가 있다. 사람을 볼 때, 현상을 볼 때, 상황을 볼 때, 사람마다 생각이 다른 건 시선의 차이로부터 출발한다.

똑같은 사람을 동시에 보아도 그 사람의 장점을 볼 줄 아는 시선이 있고, 단점만 찾아내는 시선이 있다. 장점을 살필 줄 아는 사람을 곁에 두어야 한다.

단점만 찾아내는 사람은 단점 외에 많은 장점이 있다는 사실을 무시하고 단점만 부각하여 안 좋게 생각하는 경향이 강하다.

이런 시선은 상대를 무시하는 부정적인 말과 태도로 이어지기 쉽다. 본인도 타인의 단점만 찾아낸다는 단점이 있다는 사실을 모른 채 말이다. 이런 관계는 함께 지낼수록 서로 불쾌함만 더해진다.

반면 장점을 살필 줄 아는 사람은 저절로 상대를 존중하게 된다. 이미 눈에 비치는 장점이 뚜렷한데 어찌 무시할 수 있겠나.

상대방으로서도 자기 장점을 알아주고 존중해주니 좋은 사람이 될 수밖에 없다. 그렇게 좋은 관계가 형성되는 거다.

나를 알아주는 사람이란,
나의 장점을 살피는 시선을 지닌 사람이다.
나를 알아주는 이와 일생을 함께하길.

냉장고의
빨간 장지갑

냉장고에서 빨간색 장지갑을 꺼냈다. 숙이가 찾아 헤맸던 지갑이다. 그녀는 오늘 반나절 동안 온 집 안 구석구석을 뒤지며 무언가를 찾았다. 지갑을 분실했기 때문이다.

"이상하다. 분명히 낮에 장보고 집까지 들고 들어왔는데…"

어디를 찾아봐도 지갑이 없는 것이다. 조금 전에 잠깐 화장실 간 사이에 도둑이 들었나. 아무리 생각해 봐도 귀신이 곡할 노릇이다.

뉘엿뉘엿 해가 저물고 저녁 식사 시간이 다가왔다. 남편이 퇴근하여 집으로 오고 있을 시간이다. 일단은 식사 준비가 먼저다.

생각을 고쳐먹고 조리할 재료를 꺼내기 위해서 냉장고의 문을 연 순간. 지갑을 발견했다. 그토록 찾았던 지갑은 냉장고에 장을 봐온 식자재와 함께 들어가 있었다.

"어머머, 여기 있었네!"

지갑을 함께 찾던 중학교 2학년생인 아들은 기가 막혔다.

"얼마나 정신이 없으면 지갑을 냉장고에 넣어."

아들인 슬의 핀잔에 무안한 듯 어이없이 웃는 숙이. 그녀는 자신도 자기가 신기하다는 어투로 이런 경우가 다 있다며 웃어넘겼다.

함께 깔깔 웃던 것도 잠시였다. 이내 슬의 가슴이 조금 먹먹해졌다. 태어나서 처음으로 그녀의 눈가에 잡힌 주름을 목도한 까닭이다.

주름은 그전부터 있었거늘, 어린 아들의 눈엔 보이지 않았다. 보이지 않던 것이 처음으로 보이는 순간이었다. 정체 모를 것이 가슴 속 깊은 곳에서 싹을 틔웠다.

숙의 주름이 이대로 계속 늘어가는 건지. 벌써 냉장고에 지갑을 넣을 정도면 훗날 치매가 오지 않을지. 치매가 오면 아들인 나조차 잊는 것이 아닌지.

어느 방송에서 봤던 거처럼 어느 날 갑자기 실종되는 건 아닌지. 결국엔 그녀가 이 세상에서 사라지는 것이 아닌지. 생전 해보지도 않은 걱정거리가 갑작스레 생겼다.

살면서 처음으로 늙음에 관하여 정면으로 맞닥뜨린 것이다. 어렸기에 그만큼 늙는다는 것에 이해가 없었다. 이런 건 차라리 모르는 게 나을 텐데 살다 보면 누가 일러주지 않아도 알게 되는 것이다.

그 앎이란 마치 냉장고에서 꺼낸 지갑과도 같았다. 냉장실에서 막 꺼낸 새빨간 장지갑은 겉면의 인조 가죽이 매정할 만큼 차갑고 딱딱하게 얼어있었다.

이러한 온도와 질감의 지갑은 생전 처음 손으로 만져보는 것이었다.

영원한 엄마

영원히 살면 안 될까.
크고 좋은 집을 지어줄게.

영원히 같이 살면 안 될까.
매일 맛있는 음식을 요리할게.

영원히 곁에 머물면 안 될까.
혼자선 감당할 수 없을 거 같아서 그래.

준비할 수 없는 걸 준비하라니,
그런 냉혹한 신은 따를 수 없지.
그런 가혹한 것은 삶이 아니지.

당신의 사랑처럼 수명도 끝이 없길.
당신만은 예외처럼 종착역을 지나치길.
오래오래 영원토록 함께하길.

불안하다면
놓는 것이 맞다

 이제 그만 놓아야 한다. 불안하게 하는 사람은 이만 놓아주자. 늦은 시각까지 잠을 설치게 만들고, 고심하게 하고, 불안함을 주는 사람은 놓는 것이 맞다. 이미 그 사실만으로도 나에겐 좋은 사람이 아니기 때문이다.

 돌이켜보면 기대를 품은 적이 있을 것이다. 몇 번이나 품었을 것이다. '혹시'가 '역시'로 바뀐 적이 몇 번이었나. '어쩌면'이 '그렇겠지'로 몇 번이나 바뀌었던가.

좋은 사람이 아닌데도 이상하게 밉지는 않아서 어떻게든 붙들었다. 할 만큼 했으니 그만하면 됐다. 상대의 마음에 내가 없는데 억지로 붙든다고 해서 그 마음에 내가 맺히지는 않는다.

쉽게 닿고 빨리 맺어지는 인연도 있지만, 최선을 다하고 마음을 전해봐도 닿지 않는 인연도 있는 것이다. 잠 못 이룰 만큼 애타는 그 마음은 살면서 자주 가질 수 없는 무척 아름다운 마음이다.

그런 사람에게 그 아름다운 마음을 쓰기엔 아깝다. 아직 나타나지 않았을 뿐이지, 예쁜 마음을 알아봐 줄 사람은 분명히 있다. 마음을 알아주는 사람이야말로 아깝지 않은 상대다. 그런 사람을 찾아 예쁜 인연을 쌓아가길.

서운함을
따지는 사람

 상대에게 느낀 서운함을 일부라도 털어놓았을 때, 그걸 못 참고 따지고 드는 사람은 멀리하는 게 좋다. 필요한 건 짧막한 위로와 작은 공감이다. 한데 그마저 억울하다는 듯 들어주지 않으려는 사람과는 이로운 관계를 이어갈 수 없기 때문이다.

 물론 상대로선 억울할 수도 있다. 당시의 사정도 있을 것이고, 상황을 바라보는 관점의 차이도 있을 것이다. 그럼에도 그 짧은 순간의 작은 희생조차 하지 않으려는 태도가 문제다.

우선 그 자리에선 위로를 건네고, 짧게라도 좋으니 공감부터 하는 것이 순서다. 서운한 일이 아닌데 서운해한다며 따지는 것이 먼저가 아니라, 무엇을 서운하게 느낀 건지 상대 입장에서 헤아리는 것이 먼저라는 말이다.

그런 후에 설명해도 늦지 않다. 시간이 적당히 흐르고 서운한 감정이 가라앉았을 때, 자신의 입장을 전하면 된다. 그럴 수밖에 없었던 사정, 상황을 바라보는 시각과 생각의 차이를 설명하는 것이다.

이 정도 참는 것도 불가능한 관계는 좋게 이어가는 것 역시 불가능하다. 그만큼 관계라는 것은 서로가 지켜야 할 선이 있다.

벽과 같은 자존심

 벽처럼 자존심을 세우거나 고집을 결단코 꺾지 않는 사람이 있다. 그런 사람은 친구로서도 연인으로서도 곁에 오래 두지 않는 것이 좋다. 벽에는 온기를 담아 맞잡을 손도, 감정을 교류하며 마주칠 눈도, 대화를 나눌 입과 귀도 없기 때문이다.

 벽은 소중한 내부를 지킬 때나 필요한 것이다. 내 사람을 차단하고 튕겨내려고 세우는 게 아니라는 뜻이다. 단단한 벽처럼 자존심을 세우고 고집을 부리는 일은 외부인에게 하는 것으로 족하다.

내 사람만큼은 벽 안으로 자유롭게 들일 수 있어야 한다. 안으로 들이고 자리한 내 사람을 보호하는 역할로 벽을 세울 때 비로소 제 기능을 다한다. 한데 이를 반대로 하는 사람이 많은 게 현실이다.

돈, 일, 직장과 관련된 외부인에게는 자존심을 굽히고 굽신거리듯 벽을 허물면서, 정작 허물없이 지내는 존재에게는 벽을 높이 세우는 것이다.

곰곰이 되짚어 볼 필요가 있다. 이 자존심과 고집은 누구를 위한 것인지. 누구를 지켜야 하는지. 벽으로 인해 소중한 사람들과 얼마나 소통이 안 되고 있는지.

지쳤을 때 필요한 휴식 방법

사람에게 지친 것을 다른 사람과의 만남과 대화로 풀려고 한다. 일 때문에 좌절한 것을 다른 일로 극복하려 한다. 그것이 정답일 때도 많다.

그러나 극도로 지쳤을 땐 아무도 만나지 않고, 아무것도 하지 않는 게 제대로 된 휴식이 된다. 삶에도 쉼표가 필요하다. 끊임없이 무언가가 이어지는 것은 계속해서 영혼이 소모되는 일이기 때문이다.

멈출 때도 필요한 법이다. 잠시 신경을 꺼두고, 마음을 내려놓고, 일을 외면하고, 사람을 피하고, 연락을 차단해서 자기 자신을 독립적인 시간과 공간에 두는 거다.

이런 고요함이 절실히 필요할 때가 관계에 지쳤을 때다. 인간관계를 포함해서 일과 얽힌 관계, 돈과 얽힌 관계, 수많은 이해관계까지 말이다.

이럴 때만큼은 나 혼자만을 생각해도 된다. 심한 독감에 걸리면 일하고 싶어도 못 하고, 누굴 만날 수도 없고, 반강제적으로 누워서 앓아야 한다.

마음도 마찬가지로 앓는 때가 있다. 갓난아기를 눕히듯이 천천히 마음을 내려놓자. 그동안 수고했다. 눈 좀 편안히 붙여도 된다.

아는 것은 힘이지만, 두려움도 된다

아는 것이 힘이라지만, 알면 알수록 두려움도 함께 는다. 아는 것은 필요하다. 모르면 눈 뜨고 당하는 일이 많다.

법을 모르면 법을 이용하는 사람에게 당하고, 일을 모르면 먹고살기 어렵고, 사람을 모르면 사람에게 배신당하기 쉽다. 모르면 억울한 일이 생겨도 대처하지 못한다.

모르는 것이 많을수록 모르고 지나치게 되고, 놓치는 것도 많아진다. 반대로 알고 있으면 억울한 일을 어느 정도 예방할 수 있다. 놓치는 것도 상당히 줄일 수 있다.

법을 알면 법적인 문제가 생겨도 대처할 수 있고, 일을 알면 수월하게 먹고살 수 있고, 사람을 알면 배신당하지 않게 경계할 수 있다.

부작용은 신경 쓰이는 것도 많아진다는 점이다. 그만큼 두려움이 함께 생기게 된다. 한 번 안 좋은 일을 겪으면 그런 일이 또 있을 수 있다고 예상한다.

혹시 모를 일을 대비하거나, 경우의 수를 생각해야 하므로 걱정과 불안이 함께 커진다. 일어나지도 않을 일을 미리 알아버리는 셈이다.

삶에서 앎이 가장 큰 적이 될 때가 있다. 때때로 몰라도 되는 사실까지 알게 되면 정신이 피폐해지고 몸이 힘들어지기 때문이다. 알게 된 이상, 외면할 수 없는 것이 사람이라서.

취조하듯
말하는 사람

대화를 취조처럼 하는 사람이 있다. 상대의 기분이나 상태는 뒷전이고 본인의 의문 해소가 먼저인 타입이다. 대화란 사람끼리 마주 대하여 이야기를 주고받는 상호 작용인데 이를 모른다.

자기가 하고 싶은 말과 듣고 싶은 말로만 이루어지는 것이 대화라고 믿는 부류다. 마치 조사를 받는 기분이 든다. 지금은 그런 대화를 나눌 기분이 아닌데도 계속 물음을 던진다.

별로 중요하지도 않은 것을 하나하나 검증하듯 되묻는다. 업무량이 많아서 할 일이 쌓여있고 바쁜데도 아랑곳하지 않고 따지듯이 말을 이어간다. 심지어 눈치를 줘도 모르는 경우가 대부분이다.

이런 사람은 무의식적으로 피하게 된다. 주변에 가까이 두면 아주 피로해지기 때문이다. 사회생활은 안 그래도 피곤한 일이 많다.

혼자 처리해야 하는 업무도 많고, 갑자기 일이 생겨서 떠맡는 경우도 부지기수다. 한데 주변에 이런 사람까지 포진해 있으면 피로감이 배가 된다.

무의식적으로 꺼리는 것은 이유가 있는 법이다. 이런 경우는 무의식이 옳으니 그대로 멀리하는 게 좋다. 멀리할수록 작은 해방감이 든다.

좋아해서
미워한다

좋아해서 밉다니 아이러니하다. 사귀는 사이에 상대방을 아끼는 마음과 좋아하는 감정은 지극히 당연하다. 한데 이상하게도 늘 미움이 같이 따라온다. 이 점이 마음을 자주 혼란스럽게 한다. 사랑과 미움. 언뜻 보기엔 완전히 별개의 감정 같은데 말이다.

좋아하는 사람에게 연락이 없으면 짜증 난다. 나한테 무관심하면 짜증 난다. 애타게 기다리는 마음을 몰라주면 짜증 난다. 티를 많이 내고 신호를 줬는데도 알아주지 않으면 짜증 난다. 나보다 남을 우선해서 챙기거나 배려하면 짜증 난다. 나에게 쓸 시간은 없으면서 다른 사람에게 시간을 쓰는 모습을 보면 짜증 난다. 나보다 남을 감싸거나 편들면 짜증 난다.

이런 짜증이 여럿 쌓이면 미움의 씨앗이 마음속에 심어진다. 그곳에선 원망이 싹튼다. 때론 분노도 싹트는데 실은 이 모든 것이 그 사람을 좋아해서라니 아이러니한 일이다.

안 좋아하면 관심도 없을 테고 미워할 일도 없을 텐데. 좋아하니까 미워하게 된다니. 이래서 애증이구나. 별개인 거 같은 감정이 실은 하나로 연결된 것이다. 마음, 참 어렵다.

마중

네게 연락이 오진 않을까.
내 손은 전화기를 뒤적인다.

네가 날 그리워하진 않을까.
내 몸은 네가 그립다.

네가 날 보고 싶어 하진 않을까.
내 마음은 마중을 나간다.

네 마음도 그랬으면 하는 건
내 마음이 그래서다.

칼로
물 베기

냉장고에서 지갑을 찾은 날로부터 며칠 후, 숙은 아들인 슬과 대판으로 싸우는 중이다.

"평소에 네가 청소를 자주 하지, 그러게!"
"아, 내가 내 방에 있는 거 건들지 말랬잖아!"

슬은 방 청소를 자주 하지 않았다. 쌓아뒀다가 일주일에 한 번씩 몰아서 청소하는 타입이었다. 숙이는 마침 아파트 분리수거 날이라, 아침부터 집 안 구석구석 대청소를 했다.

하는 김에 아들 방도 청소를 했고 책상에 너저분하게 쌓여있는 종이 더미가 쓰레기인 줄 알고 함께 버렸다. 근데 하필 중요한 것도 섞여 있었던 모양이다.

방과 후, 돌아온 아들이 여기 있던 거 어쨌냐며 따지고 들었다. 한창 즐기고 있는 게임의 공략법을 직접 고생고생 알아내 필기한 자료였다.

아직 공부보다 게임이 중요한 나이. 그도 여느 또래들처럼 게임의 재미에 푹 빠져 사춘기를 보냈다. 그런 중요한 것을 상의도 없이 버렸으니 단통 화부터 난 것이다.

숙은 억울하고 서러웠다. 하루 진종일 집안일을 했더니 돌아온 건 자식의 원망이다. 그렇게 서로가 시뻘게진 얼굴로 서로에게 날카로운 말을 쏘아 댔다. 한동안 핏대를 세우고 고성이 오가며 싸웠다.

"쾅!!!"

느닷없이 아들의 방문이 거세게 닫혔다. 더는 대꾸도 하기 싫다며 방에 틀어박혔다. 중학교 2학년, 질풍노도의 시기. 그는 자기 엄마지만 도저히 이해가 안 된다며 분을 삭이지 못해 씩씩거렸다. 숙은 그런 아들을 보고 그만 울음이 터졌다. 저게 자식 새낀가 싶은 설움에 한참을 울었다.

아들은 엄마가 무슨 고생을 하는지, 얼마나 많은 집안일을 하는지 관심이 없었다. 오로지 자신이 몇 달씩 시간과 노력을 투자한 공략집이 쓰레기처럼 버려졌다는 사실만 보였다. 그래서 슬은 숙이가 무엇 때문에 서럽게 우는지 알지 못했다.

엄마는 아들이 하는 게임의 이름이 무언지, 거기에 얼마나 열정을 쏟는지, 얼마나 많은 시간을 투자하는지 관심이 없었다. 그저 하라는 공부는 안 하고 또 게임을 한다며 우려하고 잔소리할 뿐이었다. 그래서 숙은 슬이 무엇 때문에 그토록 화가 났는지 알지 못했다.

이처럼 가족은 평생을 함께하기 때문에 서로를 잘 안다고 생각하지만, 실상은 전혀 모르고 있다. 누구보다 서로를 잘 안다고 생각하기 때문에, 오히려 그 사람에 대해서 세세히 알려고 하는 노력을 게을리한다.

서로를 알려는 것에 몹시 나태한 건 너무 가까워서 이미 잘 알고 있고, 설령 모르는 부분이 있어도 언제라도 알 수 있다는 착각 때문이다. 누구보다 잘 알지만, 타인보다도 잘 모르는 것이다.

그럼에도 불구하고 둘은 며칠 후면 또 아무 일도 없었던 것처럼 마음이 풀리고 누구보다 가깝게 지낼 것이다. 언제나 그랬듯이 말이다. 칼로 물 베기처럼.

쓰레기 같은 인연

쓰레기 같은 인연을 겪으면 상대를 버리면서 자신도 함께 버리게 된다. 그런 형편없는 인간을 어째서 진작에 몰랐는지 실망스러운 안목.

싸했던 순간이 분명히 있었는데 그런 자기 촉보다 상대방의 말을 믿은 미련함. 저런 인간인 줄도 모르고 온갖 정성과 돈과 시간을 쏟은 것에 대한 후회.

이처럼 여러 가지 복합적 이유로 자책하게 된다. 비록 속았다고는 해도 누가 시킨 것도 아닌데, 좋아한 것은 내 잘못이라고 생각하기 때문이다.

상대 때문에 더럽혀진 기분마저 든다. 자책과 후회는 밤마다 찾아와서 어둡고 숨 막히는 심해로 나를 끌고 내려간다. 그렇게 우울한 날이 이어진다.

나쁜 경험이었지만, 얻는 것도 있다. 쓰레기 같은 인간을 알아볼 수 있는 분별력이 생겼으니 말이다. 헤어진 그 인간은 쓰레기일지 몰라도 했던 사랑까지 쓰레기로 만들 건 없다.

사랑했던 감정과 시간은 나의 것이기에. 애써 부정할 필요는 없는 거다. 최선을 다했던 자신은 남겨두면 된다. 쓰레기통에 버리는 건 상대 하나면 충분하다.

인간관계가
어려운 이유

인간관계는 적당해야 해서 어렵다. 너무 솔직하면 상대에게 상처를 준다. 그렇다고 너무 가식적이면 진솔하지 못해서 상대와 깊어질 수 없다. 적당히 솔직하고 적당히 가식적이어야 한다.

목욕할 때 냉수만 틀면 너무 차가워서 소스라칠 만큼 몸이 움츠러들고, 온수만 끝까지 틀면 너무 뜨거워서 피부가 데고 만다. 온수와 냉수를 적당히 섞은 물의 온도가 딱 좋다.

관계 역시 미지근한 온도가 가장 좋다. 그러나 감정을 지닌 사람에게 적당한 태도는 생각보다 어려운 일이다. 인간은 개성이 뚜렷하고 각자 기준이 다르건만, 그때마다 적당히 맞추는 일이 어디 쉬울까.

솔직함을 추구하는 사람은 자기 속내를 다 털어놓지 않으면 마음속에서 어딘지 모를 찝찝함을 느낀다. 그래서 때때로 못 할 말까지 쏟아내 관계를 망치게 된다.

예의를 중요시하는 사람은 항상 일정 거리를 두고 조심하기 때문에 사이가 깊어지기 어렵다. 자칫 잘못하면 가식적이고 가증스러운 사람으로 비치기 쉽다.

사람마다 처세가 다르고, 그 처세를 받아들이는 사람의 판단 또한 각자 다르기 때문이다. 이러니 어려운 거다. 그럼에도 적당하려고 노력해야 한다. 그것이 좋은 관계를 유지하는 가장 좋은 방법이므로.

감정을 가지고
장난치는 사람

 감정을 가지고 장난치는 사람이 좋은 사람일 리 없다. 좋은 사람은 서로의 마음을 직선으로 이을 줄 안다. 헷갈리지 않게 상대에게 표현할 줄 안다.

 간 보듯 찔러보는 짓은 진심인 사람에겐 불쾌한 법이다. 호감이 가는 사람이 생기면 상대와 가까워지고 싶은 마음과 거절당할 것을 걱정하는 마음이 동시에 생긴다.

 이 걱정이 두려움으로 커진다. 막상 고백했다가 거절당하면 상처받는 것은 물론이고, 상대와 어색해져서 그나마 있던 관계마저 잃을 확률이 크기 때문이다.

따라서 섣불리 용기를 내지 못한다. 호감을 느끼고 접근하면서도 항상 빠져나갈 여지를 남겨둔다. 이 과정이 의도치 않게 밀당이 되는 경우가 많다. 아무 발전도 없이 질질 끄는 관계가 되기도 한다.

어느 심리학 논문에 따르면 밀당하는 상대를 더 매력적으로 느낀다는 통계가 있다. 다만 이는 경험이 많지 않은 사람에게 해당하는 얘기다.

살면서 여러 만남의 경험이 있는 사람은 이런 점을 금세 꿰뚫어 보고 질려 한다. 진솔하게 표현해야 한다. 부담스럽고 배려 없는 솔직함이 아니라, 배려와 예의를 갖춘 솔직함으로 다가가는 것이 좋다.

조금 떨어져 있어서
아름답다

 가까울수록 좋은 건 줄 알았던 시절이 있었지만, 그럴수록 갖은 추함도 함께 보이더라. 모든 관계는 적당한 거리를 유지할 때 더 아름답다.

 어릴 때부터 야생의 세계를 좋아했다. 다양한 동물과 자연이 신비롭고 아름다웠다. 눈밭에 뛰어올라 코를 박는 북극여우를 보면 귀여워서 어쩔 줄 몰랐다.

 여우의 습성인 줄 알았는데 알고 보니 귀여운 짓을 하는 게 아니라, 혹독한 겨울을 나기 위해 목숨을 걸고 사냥하는 것이었다.

그렇게 사냥한 사냥감은 입 주위의 털이 피범벅이 되도록 맛있게 씹어 먹는다. 필사적인 활동이었고, 약육강식의 원리이자, 잔혹한 생존이었다.

과거엔 사랑하는 사람과 더더욱 가까워지고 싶었다. 그 사람과 관련된 것이라면 뭐든지 알고 싶었다. 사소한 습관과 비밀까지 말이다.

하지만 알면 알수록 생각과 다른 면이 있었고 기대와 달랐다. 알게 모르게 실망하게 되기도 하고 불쾌한 구석도 있었다. 그러나 이는 원래 그런 존재를 내가 보고 싶어 했던 면만 보았기 때문이다. 북극여우처럼 말이다.

세상의 모든 것은 때론 잔혹하기도, 불쾌하기도, 불순하기도 한 것이다. 자연도, 동물도, 사물도, 사람도 조금 떨어져 있을 때 아름답다.

우주의 인연

어쩌면 우린 달이 생길 때 만날 것을 약속한 사이.
어쩌면 우린 해의 첫 불꽃이 막 필 때 닿았던 사이.

나와 너는 달만큼 오래되고
너와 나는 해의 불만큼 뜨거웠는지도 모른다.

사람으로 다시 태어나
만나자 했던 약속이 오늘에야
이루어진 것인지도 모른다.

그때 걸었던 새끼손가락이
어제 걸었던 새끼손가락과
겹치는 장면인지도 모른다.

기억이 없어도 어렴풋이 알 것 같다.
너는 나에게 운명과 같으니.

결이 맞는 사람을
찾아내는 방법

 흔히 말이 잘 통하고, 성격이 잘 맞고, 생각이 닮은 사람을 '결이 맞다'고 말한다. 분명 맞는 말이지만, 그보다 더 중요한 것이 있다. 바로 '솔직함'이다.

 무례한 솔직함을 말하는 것이 아니다. 속 안의 진솔한 얘기를 털어놓을 수 있고, 가식으로 연기하지 않아도 되는 그런 솔직함 말이다.

 아무리 예쁜 가면을 쓰고 연기를 해도 연극은 언젠가 막을 내리고 가면은 벗겨지기 마련이다. 굳이 마음의 가면을 쓰지 않아도 되는 사람. 애써 연기하지 않아도 마음이 편안한 사람.

나를 진정으로 좋아하는 사람은 나의 부족한 면을 보았을 때, 어찌 보면 찌질하고 추한 모습인데도 이를 인간미로 볼 줄 안다.

흐트러진 모습에 실망하고 싫어하는 것이 아니라, 오히려 인간적으로 더 좋아하는 계기로 삼는다. 평소의 자신을 편하게 드러내도 좋아해 주는 사람. 이런 사람이 진정으로 결이 맞는 사람이다.

사이가 깊고 친하다는 증거 5가지

1. 혼자 있는 시간을 존중한다.

아무 때나 막 불러내기보다 어떤 상태인지 먼저 살핀다. 외로운 것 같으면 곁에 있고, 혼자 있고 싶은 것 같으면 말없이 기다릴 줄 안다.

2. 먼저 캐묻지 않는다.

상처를 건드리지 않고 묻는 방법은 존재하지 않는다. 그래서 먼저 말할 때까지 기다려 주고, 속을 털어놓으면 깊이 공감하며 들어 준다.

3. 관심과 오지랖을 구분한다.

함부로 판단하고 이래라저래라 지시하지 않는다. 영양가 없는 오지랖을 부리지 않고, 지금 도울 수 있는 것을 최대한 나서서 돕는다.

4. 무조건 같은 편이 된다.

혹여 잘못한 일이라도 우선은 무조건 같은 편이 되어 준다. 잘못된 점은 격한 감정이 진정된 후에 알려 준다.

5. 동정하지 않는다.

어떤 상황에서도 상대의 자존심을 지켜 준다. 깔아뭉개는 말이 아닌 힘이 되는 말을 건넨다.

깊고 친한 인연은 시간과 비례하지 않는다. 학창 시절 영혼의 단짝인 친구를 사귀었을 때처럼 얼마든지 순식간에 친해지고 깊어질 수 있다.

상대를 얼마큼 존중하고 배려하는지가 중요하다. 살면서 존중과 배려를 아는 사람을 만나는 건 의외로 아주 드물다. 그런 인연은 귀하게 여겨야 할 인생의 보물이다.

관계를 정리할 때
안 좋은 행동

첫째, 혼자 결정하는 것
혼자 생각하고 판단해서 '상대방은 이런 거야'라고 여기기 쉽지만, 이는 혼자만의 오해다. 상대방의 생각은 전혀 다를 수 있고, 몰랐던 사실을 알게 될 수 있으니, 적어도 한 번은 대화를 해 보고 결정하는 게 좋다.

둘째, 일방적인 통보
관계는 양방향 통행인데 통보는 일방적인 행위다. 오직 나만 편하자고 하는 이기적인 짓이다.

셋째, 말없이 잠수
갑자기 잠적해버리면 상대방은 서운함을 넘어서 원망까지 하게 된다. 인생에 적을 만드는 안 좋은 방법이다.

용서할 수 없는 잘못이 명백한 경우, 기회가 많았는데도 변화가 없는 경우엔 칼같이 끊는 것도 필요하다. 다만 칼같이 끊는 상황이 본인에게도 커다란 스트레스와 부담이 된다는 사실을 알아야 한다.

상대뿐만 아니라, 그 주위 사람 또는 일과 얽힌 경우가 많기 때문이다. 그러니 만남과 연락 횟수를 점차 줄이고, 서서히 멀어지면서 관계를 정리하는 것이 현명한 처세술이다.

사소하게 서운하면
사이가 깊다는 의미

거리가 먼 사이는 다툴 일도 거의 없다. 오히려 부모 자식, 형제자매, 부부, 연인, 절친한 친구처럼 사이가 가까울수록 사소한 일로 서운하고, 심하게 다투는 법이다.

남이 그러면 대수롭지 않게 넘어가는 일도 나와 가까운 사람이 그러면 괜히 짜증이 나고, 작은 문제도 더욱 크게 느끼게 된다.

그래서 평화롭기만 한 가정은 보기 어렵고, 싸우지 않는 커플은 아주 드문 것이다. 가족이건 친구건 연인이건 오랜 시간을 함께하면 자연스레 상대에게 의지하게 된다.

이 과정에서 알게 모르게 서운한 일이 많아지고, 자주 실망을 겪는다. 관계의 이상적인 모습을 상대에게 기대해서 그렇다.

그러나 사소한 실망과 서운함은 글자 그대로 정말 작은 것임을 기억하자. 작은 걸로 인해서 깊은 인연과 그와의 소중한 시간까지 잃는 일이 없도록.

별처럼 사랑한다

귀를 잃거든 눈으로 네 입을 읽고 듣겠다.
눈을 잃거든 코로 네 향을 맡고 보겠다.
코를 잃거든 입으로 널 부르고 맡겠다.
입마저 잃거든 손짓과 발짓으로 널 찾겠다.

그마저 잃거든
남은 것이 아무것도 없거든
별이 되어 너를 비추겠다.

나 떠나 없거든
유난히 반짝이는 별빛을 보거든
지긋한 그 별이 나임을.

나의 존재가 스러진대도
네가 나를 보내고 잊어도
여전히 나는 너를 사랑한다.

첫 파마

"끄윽… 끅. 끄엉엉엉!"

거울 앞에서 세상을 잃은 거처럼 서럽게 울었다. 어린 시절 나는 곱슬곱슬한 파마머리가 그렇게 싫었다. 부터 나는 아동 모델이 파마한 채로 티브이에 출연하는 바람에 아줌마들 사이에서 자식 파마시키기 붐이 일었다.

나 역시 피해 갈 수 없었다. 엄마인 숙이는 저 파마를 해야 예쁘다며 기어코 나의 손을 끌고 미용실로 향했다. 자신의 의지로 저항할 수 없는 7살의 나이. 파마가 무얼 뜻하는지도 모르고 숙이가 끄는 대로 끌려갔다.

난생처음 맡아보는 코를 찌르는 파마약 냄새가 독해서 머리가 아팠다. 돌돌 말아둔 머리를 한 채 잠시도 가만히 있질 못했다. 미용실에 있는 잡지란 잡지는 죄다 펼쳐보고 티브이를 봤다가 숙이를 봤다가 화장실을 갔다가 왔다 갔다 분주했다.

파마가 완성되기까지 기다리는 시간은 2시간 정도였다. 당시엔 놀이터에서 보내는 10분도 길게 느껴질 정도로 알차게 개구쟁이였던 시절이다. 그런 개구쟁이에게 2시간은 지옥같이 길었다. 이것을 한참 하고 저것을 한참 해도 시계를 보면 고작 5분이 지나있었다.

정신없이 산만한 나를 보고 숙이는 따끔하게 잔소리를 했지만, 그 효과는 10분이면 사라졌다. 인내 따윈 없었다. 다시 분주하게 돌아다니다 혼나고 또다시 그러기를 여러 번. 드디어 파마가 끝났다. 몹시 지겹고 지루해서 거울을 제대로 볼 생각도 안 했다.

독한 약 냄새 때문에 머리가 지끈거려서 어서 집에 가고 싶다는 생각뿐이었다. 하룻밤 자고 일어나면 머리가 괜찮을 거라는 미용실 원장님의 말을 듣고 집으로 돌아왔다. 정신없이 놀다가 지쳐 잠들고 일어난 다음 날.

거울을 보고 비명을 질렀다. 머리에 뽀글뽀글한 짜파게티를 한가득 올려놓은 거 같았다. 숙이는 예쁘다며 대호평이었지만, 내 눈엔 그저 짜파게티였다. 낯선 내 모습이 외계인처럼 무서웠다. 나보다 큰 전신 거울 앞에서 이게 뭐냐며 머리를 감싸고 울기 시작했다. 그렇게 서럽게 울 수가 없었다.

목이 끅끅 넘어가면서도 옆에서 당황하고 있는 숙의 팔을 마구 쥐어뜯으며 떼를 썼다. 내 머리 돌려달라고. 이거 내 머리 아니라고. 제발 내 머리 돌려달라고. 숙이는 어르고, 달래고, 야단도 쳐보고, 한참을 나와 씨름했지만 역부족이었다.

그러다 꾀가 떠올랐는지 번뜩이는 눈으로 말했다. 며칠만 참으라고. 그러면 돌아온다고. 그 대신 갖고 싶은 레고를 사주겠다고. 그 말을 듣자 이전부터 몹시 갖고 싶었던 우주선 레고가 눈앞에 두둥실 떠올랐다.

늠름한 우주선의 자태가 눈앞에서 아른거린 나는 "진짜? 진짜지?" 확인을 연발하며 울음을 그쳤다. 어디선가 희망찬 스타워즈 배경 음악이 들려오는 것만 같았다. 슬픔과 기쁨의 등가 교환. 머리는 요상했지만, 레고를 가질 수 있다면 참을만했다. 인내 끝에 보상이란 달콤한 것이었다.

4부 수많은 관심보다 한 번의 진심이 중요할 때

살기
싫은 날

살기 싫다는 말이 절로 나오는 날이 있다. 우울하고 귀찮고 불편하고 괴롭고 침전되는 하루. 가끔은 그런 날이 하루가 아니라, 연속해서 오기도 한다.

벗어나고 싶긴 한데 벗어날 기력조차 없는 그런 날들. 누가 옆에 와서 툭 하고 건드리면 왈칵 눈물부터 쏟을 거 같지만, 슬퍼할 기운도 없어서 평소엔 울지도 않는다.

자신이 진부하게 느껴지고 반복되는 일상에 숨이 막힌다. 무기력이란 단어도, 무력함이란 말도 이런 상태를 표현하기엔 한참 부족하다.

시간이 그대로 멈추길 바라기도 하고, 세상의 모든 것이 한꺼번에 싹 사라져버렸으면 좋겠다는 생각도 스친다. 무겁지 않은 것이 없다. 머리도 무겁고 몸도 무겁고 아침에 기어코 내딛는 발걸음도 무겁다. 가볍고 산뜻한 발걸음이 언제였더라. 기억도 잘 나지 않는다.

과거에도 이럴 때가 있었다. 비록 지금만큼은 아니어도, 그때도 분명 괴로운 시기를 보냈었다. 그런데도 지금까지 살아왔다. 그러고 보면 살기 싫은 순간들을 언제나 이겨왔다. 설사 그때부터 쇳덩이 달린 족쇄처럼 여태 질질 끌고 왔다고 하여도 아직 살아있다는 것이 이겨 냈다는 증거다.

언제나 그랬듯 답은 내 안에 있었다.
나는 기어코 살아내는 사람이었다.
그렇기에 지금 살기 싫은 날도 살아낼 수 있다.

생각을 바꿔야
인생이 바뀐다

🍷

생각을 바꿔야 인생이 바뀐다. 생각이 행동이 되고, 행동이 과정을 만들고, 과정이 있어야 비로소 결과가 생긴다. 모든 것의 출발점이 생각인 셈이다.

되지 않으리라 생각하면 결과도 마찬가지다. 되지 않을 것을 생각했기 때문에 행동을 아예 하지 않거나, 하더라도 소극적으로 행동한다.

행동이 부족하니 과정이 쌓일 리 없다. 결과가 나오려면 과정은 필수다. 충분한 과정이 없는데 어떻게 좋은 결과가 나올 수 있겠나.

결과를 바꾸는 것은 어렵다. 과정을 쌓기란 쉽지 않다. 매일 실천하며 행동하는 것도 편히 할 수 있는 건 아니다. 단, 생각만큼은 누구나 쉽게 바꿀 수 있다.

부정적인 생각, 되지 않을 거란 생각, 어려울 거라는 생각, 하기 싫다는 생각을 긍정적인 생각으로, 결국은 될 거라는 생각, 하다 보면 쉬울 거라는 생각, 하고 싶다는 생각으로 바꿔야 한다.

이는 노력으로 얼마든지 전환이 가능하다. 생각이 바뀌기 시작하면 조금씩 행동도 그에 맞춰 변화한다. 나아가서 결과도 바꾸고 인생을 바꾸는 키를 쥐게 된다.

한 번 사는 인생에서 스스로 의지를 다지고, 다짐대로 살아보는 일은 진정으로 멋진 일이다. 멋진 미래가 조금 앞에서 손짓하고 있다.

나쁜 사람 때문에
그만 아파하길

나쁜 사람 때문에 그만 아파하길. 사회는 불합리하다. 가해를 한 사람이 멀쩡하고, 피해를 본 사람이 아파해야 한다.

피해자는 트라우마처럼 깊은 상처가 남아 계속 아파야 하고, 괴로움과 마주해야 하고, 견디기 위해 발버둥 쳐야 하고, 겁이 나서 숨어 지내듯 살아야 한다. 가해자는 버젓이 밖을 활보하고 잘만 산다. 비단 범죄뿐만이 아니다.

연인, 친구, 동료 사이도 그렇다. 더 잘해준 사람이 차이는 경우가 많다. 더 믿고 더 많이 내어 준 사람이 배신당하기도 쉽다.

현실의 뒷말이나 온라인의 악플도 마찬가지다. 열심히 사는 사람한테 괜한 시비를 걸거나 욕을 하고 뒤에서 음해와 선동을 한다. 이런 건 법으로 처벌하기도 애매한 부분이라 더 억울하다.

분명 나쁜 짓을 하는 사람은 상대방인데 아파하는 사람은 당하는 사람이다. 나쁜 인간이 벌 받고 아파해야 올바른 거 아닌가.

우리는 그렇지 못한 곳에서 살고 있다. 그렇다면 아픔을 멈추고 나아지는 방법을 필사적으로 찾아야겠다. 아파할수록 상대가 원했던 꼴밖에 되지 않으니까.

부정적인 것을 걷어내고 스스로 발전하는 것이 그들이 원하는 것과 정반대로 가는 길이다. 더 이상 그들이 원하는 대로 살지 않겠다.

어른의
인간관계

◆

어른의 인간관계와 아이의 인간관계를 구분해야 한다. 대부분 사람이 어린 시절의 관계가 정답인 줄 알고 거기서 벗어나지 못한다.

어릴 때는 자신을 포함한 주위의 또래가 아직 어려서 순수한 나이이기 때문에 모든 관계를 순수하게 맺는다. 어릴 때니까 가능한 일이다.

한데 그렇게 커왔으니 인연은 순수한 게 옳은 것이라고 믿게 된다. 어른이 되어서도 인간관계가 계산적이면 안 된다고 생각하는 이유다. 그래서 자주 상처받는 거다. 현실은 전혀 순수하지 않으니까.

어른의 관계는 사정이 다르다. 어른이라면 각자 오랜 시간 누적된 경험과 상처가 있다. 따라서 보상 심리가 도드라진다. 누구나 보상 심리를 가지고 있고, 실제로 인간의 뇌에는 보상회로가 존재한다. 보상을 바라는 건 매우 어른스럽고 인간다운 일인 셈이다.

성인이 되어서까지 순수를 바라는 건 경험 탓이다. 어릴 때 경험했던 것이 앞으로도 그럴 것이라고 생각하는 함정에 빠진 꼴이다.

무조건 순수해야 옳은 관계고, 계산적이면 나쁜 관계인 것이 아니다. 계산적이어도 서로가 존중하고 주고받을 수 있는 관계라면 이상적인 관계가 맞다. 그것이 도리어 일방적인 희생을 막는 어른스러운 관계가 된다.

꿈의 물음

꿈에 어린아이가 나왔다.
아이는 어린 시절의 나였다.
어른인 나에게 물었다.

이 만화는 완결됐어?
농구는 여전히 해?
그 애는 잘 있어?
엄마 아빠는 건강해?

약속한 건 얼마나 지켰어?
하고 싶은 건 이뤘어?
믿을 수 있는 친구는 누구야?
누구랑 사랑해?

있지, 행복하지?

눈길의 차 사고

●

"아! 빨리 가자고요~ 속도를 내자고요~ 선생님!"

아이들은 이구동성으로 목소리를 높였다. 답답했다. 느리게 움직이는 자동차. 한겨울의 눈이 쌓인 고속도로. 미끄러운 눈이 잔뜩 쌓인 탓인지, 차들이 앞뒤 간격 없이 다닥다닥 붙었다.

거북이가 단체로 엉금엉금 기어가듯 서행 중인데도 선생님은 여느 때보다 조심스럽게 운전했다. 자신을 포함한 제자 4명이 차에 타고 있었기 때문이다.

9살 때 윤선생 영어 교실을 학습했다. 매주 선생님이 직접 학습지를 들고 가정을 방문했다. 과외처럼 일대일 교육 방식으로 영어를 배웠다. 영어 선생님은 '달려라 하니'라는 애니메이션에 등장하는 홍두깨 선생님을 똑 닮았다.

가벼운 성격의 훈남 상에 굵은 수염이 인상적인 사람. 나에게 선생님은 친숙하고 만만한 사람이었다. 어리광을 전부 받아줬기 때문이다. 속이 넓고 자상한 어른이라서 떼를 쓰면 안 해주는 것이 없을 정도였다.

봄부터 시작한 영어를 1년 가까이 배우는 동안 어느덧 겨울이 되었다. 선생님은 가끔 제자들을 위해서 가까운 산이나 계곡에 데리고 가곤 했다. 겨울이 되자, 이번엔 스키장으로 겨울 캠프를 가자며 제자들을 모았다.

하필이면 전날에 눈이 많이 와서 도로에 눈이 잔뜩 쌓였다. 운전하기가 무척 까다로울 정도였다. 그래도 스키장으로 떠나는 당일은 날씨가 좋아서 계획은 변경 없이 진행되었다.

제자는 총 4명이었는데 앞 좌석에 1명이 타고, 뒷좌석에 3명이 탔다. 나는 뒷좌석의 오른쪽 창가에 앉았다. 선생님의 차는 당시 경차였던 티코였다. 경차였어도 조그만 어린이 넷이 모인 거라, 그다지 좁다고 느끼진 않았다.

스키장은 양평이기 때문에 안 그래도 먼 길이었는데 서행 운전하니 시간이 3배는 더 걸렸다. 시간이 한참 지나도 고속도로 위였고, 자고 일어나도 여전히 고속도로 위였다. 어린이의 인내심은 아주 짧다.

이 정도면 훌륭히 참은 셈이다. 마침 창밖으로 빠른 속도로 달리는 차가 옆을 슝슝 지나가는 게 보였다. 고속도로에서 유일하게 뻥 뚫린 갓길로 푸른색 스포츠카가 굉음을 내며 달린 것이다.

"저 길로 가요, 선생님! 우리도 빨리 가자고요!"

아이들은 누가 먼저랄 것도 없이 갓길로 빨리 달리자고 선생님을 졸랐다. 선생님은 무겁게 고개를 가로저었다. 평소 조르면 웃으며 다 받아주던 선생님이 이번만은 예외였다. 굳은 얼굴로 사고 난다며 안 된다는 말만 반복했다.

포기를 모르는 아이들은 그 후로도 몇십 분을 더 졸랐다. 선생님은 운전 중인데도 짜증 한 번 내지 않았다. 한참을 더 가다 아까 지나간 푸른색 스포츠카를 발견했다. 차가 흉물스럽게 반파되어 있었다. 커브 길에서 사고가 난 것이다.

"선생님 말이 맞지! 빨리 가면 위험해. 사고 나."

그동안 시끄럽게 졸라대던 아이들이 그 광경을 보고 꿀 먹은 벙어리가 된 듯 조용해졌다. 차의 앞이 반쯤 분리되고 찌그러져 있는 광경은 처음 보는 것이었다. 선생님의 말씀대로 사고가 난 것도 놀라웠다. 마치 예언처럼 말이다. 침을 삼키는 것도 잊은 우리는 한참을 멍하니 있었다.

시간은
적일까 아군일까

시간은 활용할 수 있으면 내 편이 되고, 쫓기면 적이 된다. 시간은 활용하기에 따라 많은 것을 이룰 수 있다. 시간을 노력에 쏟으면 실력을 키울 수 있고, 일에 쏟으면 돈을 벌 수 있고, 사랑하는 사람에게 쏟으면 사랑을 키울 수 있다.

반대로 시간에 쫓기면 조급함, 압박감, 죄책감, 무력감에 시달려서 스트레스를 받게 된다. 일의 마감을 언제까지 지켜야 한다든지, 시험이나 면접을 언제까지 합격해야 한다든지 따위의 압박감.

앞서 나가는 또래를 보며 혼자 뒤처진 느낌을 받는 조급함. 나이는 먹어가는데 아무것도 한 게 없고, 이룬 것도 없고, 모은 재산도 없다는 무력감. 특히 주름이 하나씩 늘며 늙어가는 부모님을 볼 때 찾아오는 죄책감.

이 모든 게 시간이 적이 된 경우다. 이처럼 시간을 제때 활용하지 않아서 쫓기기 시작하면 적이 된다. 한 번뿐인 인생이기에 시간을 아무런 계획과 실천 없이 막 쓰다가는 훗날 업보처럼 돌아오는 시간과 싸워야 한다.

미리미리 시간을 내 편으로 만들어야 한다.
지금도 늦지 않았다.
내 편으로 삼을 수 있는 시간은
아직 한참 남아있으니.

호감이 가는 말버릇 8가지

♦

1. 그럴 수 있지
2. 넌 잘하고 있어
3. 충분히 멋있어
4. 내 생각도 그래
5. 고맙다 감사합니다
6. (누구) 덕분이야
7. 결국 잘될 거다
8. 언제나 네 편이야

말만 하면 상대의 마음을 깎아내리는 사람이 있고, 별거 아닌 말로도 마음을 북돋아 주는 사람이 있다. 부정적인 얘기를 현실적인 얘기로 혼동하는 사람일수록 더욱 쉽게 상대방의 사기를 꺾는 말을 한다.

부정적인 것이 무조건 현실적인 게 아니다. 마찬가지로 희망적이고 긍정적인 말이 무조건 뜬구름 잡는 소리도 아니다. 긍정인지, 부정인지보다 중요한 건 상대의 마음을 지켜 주는 일이다.

고마움을 표현하고, 응원하고, 배려하고, 마음을 헤아리는 말은 상대를 지켜 준다. 나아가 힘을 낼 수 있게 용기를 북돋아 준다. 이런 말버릇을 가진 사람에게 자꾸만 호감이 가는 이유다.

사람은 상처를 입어서
영악해진다

사람은 상처를 입을수록 영악해진다. 눈치가 빠르단 건 그만큼 살폈단 뜻이고, 거짓임을 안다는 건 그만큼 의심했다는 것이고, 받은 만큼 잘한다는 건 그만큼 계산적이란 의미다.

그저 상처받기 싫어서 해온 행동들이 순수와 가장 멀었다. 상대가 어떻든 어떤 말을 하든 온전히 마음을 열고 믿었던 순수의 시절이 그립다.

다만 그리울 뿐이지, 돌이킬 순 없다. 순수했던 때로 돌아가고 싶어도 돌아가는 것은 불가능하니까. 이젠 순수하지 않은 어른임을 인정하고 받아들여야 한다.

다소 계산적이어도 자기 할 도리를 다하는 사람으로 나아가면 된다. 영악해진 만큼 닮은꼴 상처를 지닌 상대를 더 알아주고 이해하면 된다. 방어적인 태도를 보이는 만큼 내가 지키고 싶은 마음과 내 사람을 더 확실하게 지키면 된다.

잃기만 한 것은 아니기에. 그렇다면 얻은 것을 안 좋은 쪽으로 생각하지 말고, 더더욱 올바르게 사용하면 될 일이다. 언제까지 과거만 바라보고 그리워하는 것이 아니라, 앞을 바라보고 보다 성숙한 어른으로서 발을 내딛는 거다.

노력하기 싫어서
하는 사과

건성으로 하는 사과는 안 하느니만 못하다. 무엇 때문에 사과까지 하게 됐는지 깊이 이해하는 것이 먼저고, 다신 반복하지 않을 변화가 둘째고, 마지막 셋째가 대처인 사과다. 가장 끝에 해야 할 일을 일단 하고 보지 말길.

미안하다는 말이 전부인 줄 아는 사람. 미안해했으니 매듭지은 것인 줄 아는 사람. 건성으로 사과하고는 시간이 지나 그때 사과하지 않았느냐며 도리어 따지는 사람. 같은 잘못을 계속 반복하면서 매번 미안하다는 사람.

이런 사람들을 겪은 탓에 미안하다는 말을 좋아하지 않게 되었다. 마치 나는 원래 이런 사람이고 고칠 생각은 없으니 네가 이해하고 넘어가라는 뜻이 포함된 것 같다. 하는 행동은 미안한 사람 같지 않기 때문이다.

말로만 미안해하는 건 누가 못할까. 진심으로 미안하면 그토록 미안해할 시간에 자신을 바꾸면 된다. 상대에게 잘못한 행동, 미안한 행동을 두 번 다시 하지 않게 철저히 고치는 것이다.

그게 근본적인 해결이다. 미안한 일이 없도록 자신을 바꾸는 건 쉽지 않지만, 불가능할 만큼 어려운 일도 아니다. 단지 거기까지 노력하기 싫을 뿐이지.

똑같은 말을 해도
결과가 다른 이유

♦

 같은 말을 해도 결과가 다르다. 내용이 완전히 똑같은 말인데 곱게 해서 마음을 얻는 사람이 있는 반면, 밉게 해서 사실마저 인정하기 싫게 만드는 사람이 있다. 사실인지 아닌지를 떠나서 말을 하는 사람이 어떤 사람인지 그리고 말을 하는 태도가 어떤지가 더 중요하기 때문이다.

 사람은 감정의 동물이다. 이성보다 감성으로 판단하고 받아들일 때가 훨씬 많다는 얘기다. 따라서 싫어하는 사람이 하는 말은 콩으로 메주를 쑨다고 해도 곧이들리지 않는다. 반면 좋아하는 사람이 하는 말은 팥이 콩이래도 믿고 싶은 법이다.

특히 공적인 자리가 아닌 사적인 자리의 인간관계는 사람을 대하는 태도가 훨씬 중요할 때가 많다. 진실 여부는 그다음이 된다. 모든 대화는 결국 사람이 사람을 대하는 일이기에. 이 점을 놓치는 사람이 의외로 많다.

진실을 아무리 얘기해도 상대가 들어주지 않는다면 상대의 속마음은 다음과 같다. "네 말이 옳은 건 알겠어. 그런데 믿기도 싫고, 상대하기는 더 싫어." 같은 내용의 똑같은 말을 해도 결과가 사람에 따라 하늘과 땅 차이인 이유다.

돈과 자존심이 결합된 문제

♦

 수많은 외적 문제는 주로 돈에서 출발하고, 내적 문제는 주로 자존심에서 출발한다. 최악은 돈과 자존심이 결합한 문제다. 사람은 살아만 있어도 돈이 든다. 돈이 없으면 갖은 문제점이 생긴다.

 생활비가 없어서 매달 식비, 월세, 관리비, 가스비, 휴대폰 요금, 카드값 등을 걱정해야 한다. 누구를 만날 수도 없다. 지인을 만나고 싶어도 돈이 든다. 식당에 가든, 카페에 가든, 술집에 가든, 영화를 보든, 차를 몰든, 선물을 사든 모든 움직임에 비용이 드니까 생활비도 부족한 상태에선 만남조차 피할 수밖에 없다.

자존심은 계속해서 노력한 것이 보상받지 못할 때 상한다. 상대에게 최선을 다했는데 상대는 달라지는 게 없는 태도를 보일 때. 오랜 기간 준비해 온 시험, 면접, 업무, 사업 등이 기대에 미치지 못할 때. 이렇게 상한 자존심은 회복하기 상당히 어렵다. 속에서 이미 실망과 울분이 치밀었기 때문이다.

그래도 어찌어찌 위기를 넘기며 산다. 돈과 자존심이 결합된 문제를 만나기 전까진 말이다. 경제적 문제로 소중한 사람과 이별한다거나, 돈이 없어서 가족을 지킬 수 없다거나.

이런 문제가 생기면 자존심은 산산조각이 나고 버텨왔던 모든 것이 무너져 내린다.

그리움

만나기 싫다고 잘라 말해도
갈수록 만나고 싶은 마음.

이러면 안 된다고 다짐해도
갈수록 보고 싶은 사람.

잊힐 만큼 세월이 흘러도
갈수록 선명해지는 시절.

쏟아지는 빗방울을 양손으로
아무리 막아도 막아지지 않듯
쫄딱 젖어도 막을 길이 없는 그 기억.

후회는 싸구려 잡지다

사람은 후회하며 산다. 선택은 늘 후회와 미련을 남기기 때문이다. 인생의 모든 것은 선택으로 이루어진다. 아주 사소한 것부터 일생의 갈림길까지 빠짐없이 모든 일이 선택이다.

매일 아침밥을 먹을지 말지, 운동할지 말지, 공부할지 말지, 대학에 갈지 말지, 취업할지 사업을 할지, 취업한다면 기업에 갈지 공무원이 될지, 사업을 한다면 카페를 할지 치킨집을 할지.

이처럼 삶은 선택의 연속이다. 지금의 나는 그동안 무수히 많이 해 온 선택의 결과인 셈이다. 선택했기에 후회와 미련은 평생을 따라다닌다. 어째서 그런 건지 원리를 알아야 한다.

예를 들어 학창 시절에 노는 것을 선택한 사람은 훗날 공부하지 않은 것을 후회한다. 반대로 공부하는 것을 선택한 사람은 어릴 때 실컷 놀아보지 못해서 미련이 남는다.

항상 자신이 선택하지 못한 쪽에 대한 후회나 미련이 생긴다. 그러면 균형 있는 선택을 하는 것이 정답일까. 재밌는 건 그도 아니라는 사실이다.

공부와 놀기의 균형을 맞춰서 적당하게 산 사람은 어중간하게 하지 말고 하나라도 확실히 해야 했다며 후회한다. 참으로 의미 없는 짓이다.

후회와 미련은 싸구려 잡지와 같다.
그냥 쓱 훑어보고는 방구석 어딘가에
휙 던져놓으면 된다.

한 살이라도 젊을 때 알면 도움되는 경험

🌢

1. 쓸데없는 자존심을 부려 귀한 사람을 잃은 것.
- 먼저 사과했으면 좋았을걸.

2. 하기 싫어서, 귀찮아서 열심히 하지 않은 것.
- 최선을 다할걸.

3. 과거에 발목 잡혀서 후회로 시간을 낭비한 것.
- 후회가 아니라, 반성하고 고쳐서 나아질 걸.

4. 사람을 너무 믿은 것.
- 적당히 거리를 두는 법도 익힐걸.

5. 하고 싶은 일을 시작도 안 해본 것.
- 지레 겁먹지 말걸.

6. 하다가 그만둔 것.
- 끝까지 한번 해볼걸.

7. 운동하지 않은 것.
- 관리가 안 된 몸매와 저질 체력을 느끼고 좌절하기 전에 꾸준히 운동할걸.

8. 재산을 모으지 않은 것.
- 부동산과 금융 지식을 공부하고 진작에 모을걸.

후회는 중요하지 않다. 중요한 건 나아지는 것이다. 의지를 단단히 하길. "나는 지금 나아진다." 나아짐은 언제나 자신의 의지로 선택할 수 있다.

즐거움은 짧고
괴로움은 긴 이유

♦

즐거움은 짧고 괴로움은 길다. 감정의 종류인 건 마찬가진데 느끼는 기간이 다르다니 이상하지 않은가. 원인은 곱씹는 것에 있다. 즐거운 일은 보통 그 순간의 즐거움으로 그친다.

반면 괴로운 일은 불현듯 다시 생각난다. 좋은 일은 빠르게 잊고, 좋지 않은 일은 두고두고 다시 꺼내어 상기하는 셈이다. 인간의 뇌는 같은 것을 반복해서 볼 때 장기적으로 기억한다.

괴로운 일을 반복해서 떠올렸으니 장기 기억화 하는 것이다. 원래는 괴로운 일도 즐거운 일과 똑같이 잊힌다. 스스로 다시 꺼내는 행위를 반복하니 오래도록 잊지 못하는 거다.

이는 무의식적으로 일어나는 일이므로 쉽게 인지하지 못한다. 다른 누구도 아닌 내가 불행을 곱씹고 있다는 사실을 인지해야 한다.

인식하고 인지하면 조절할 수 있다. 나쁜 습관을 고치듯, 술을 줄이듯, 담배를 끊듯. 나쁜 기억을 곱씹는 것도 습관이므로 줄이고 끊는 게 가능하다.

반복해서 떠올릴 것은 괴로웠던 기억이 아니다. 냉장고에 넣어 둔 초콜릿을 꺼내 먹는 것처럼 즐거웠던 기억을 곱씹어야 한다.

전복
껍데기

◆

하루는 점심때 전복미역국을 배달시켰다. 평소 좋아하는 미역국 맛집이라 땀을 뻘뻘 흘려가며 먹었다. 전복을 깨끗하게 떼어내어 호록 삼켰다. 창을 타고 들어오는 볕이 쨍 난 탓인지 그 찰나에 전복 껍데기의 안쪽이 번쩍였다.

오색영롱한 빛이 번쩍이고 있었다. 오묘하게 무지갯빛이 흐르는데 이처럼 아름다운 건 처음 보는 거 같았다. 그동안 왜 몰랐을까. 이상했다. 이런 전복이나 조개껍데기를 공예품으로 승화한 나전칠기는 옛날부터 자주 봤었다.

외할머니댁에 가면 나전칠기로 만들어진 장롱과 서랍장이 있었기 때문이다. 어릴 때부터 흔하게 봐 와서일까. 한 번도 아름답다고 생각해 본 적이 없었다. 이제야 처음으로 전복 껍데기 속을 보고 아름답다고 느꼈다.

어릴 때 마냥 편해서 한 번도 이성으로 생각해 본 적이 없었던 반 친구를 어느 날 갑자기 이성으로 느끼는 것과 같았다. 이성에 눈을 뜬 느낌.

한 달이 지나고 다시 전복미역국을 시켰다. 나전칠기의 아름다움을 몰랐던 지난번과 달리 이번에는 전복부터 먹고 껍데기를 물에 씻어 유심히 살폈다.

다시 봐도 아름다웠다. 빛에 따라 반짝이며 부서지는 오묘한 색에 마음이 동했다. 실물로 순금과 다이아몬드를 비교해서 봤지만, 그보다 더 아름다웠다.

더욱 이상했다. 보석의 가치는 아름다움이 아니었나. 지금 내가 더 아름답다고 여기는 것은 금이나 다이아몬드가 아니라, 전복 껍데기였다. 무척 아름다워서 이게 왜 보석보다 가치가 없을까 하는 물음마저 들었다.

주관이 뚜렷한 편이라 생각했다. 스스로 가치를 정하고 그 가치에 따라 산다고 믿고 있었다. 지금 보니 아니었다. 분명 내 취향은 전복 껍데기가 더 아름답다고 말하고 있었다.

취향이야말로 세상이 정한 기준보다 가치 있는 기준이라 믿었다. 한데 타인이 전복 껍데기와 내가 가진 보석을 바꾸자고 하면 절대 바꾸지 않을 것 같았다. 반대의 경우라면 고민도 없이 바꿀 것이다.

내가 아름답다고 여기는 취향을 우위로 두는 것이 아니라, 세상이 정한 가치를 우위에 두고 있는 셈이다. 취향이란 세상이 정한 가치보다 더 위대한 가치이지 않던가.

세상의 기준 같은 건 어차피 개인의 마음에 들지 않으면 아무런 의미가 없는 게 아니었나. 그럼 나한테 귀한 것이야말로 진정 귀중한 것인데 어째서 나는 금을 전복 껍데기와 바꿀 수 없을까.

  생각해 보면 이 외에도 참 많은 것을 무의식적으로 세상의 기준에 따라 맞추어 살고 있었다. 세상이 정한 가치에 어디까지 휘둘리지 않을 수 있을까. 스스로 아름답다고 여기는 가치를 어디까지 가치 있게 지킬 수 있을까.

  과연 어디까지가
  나를 나답게 지킬 수 있는 선일까.
  전복 껍데기 하나 때문에 생각이 많아졌다.

존재하는 기적

떠올릴 수 있는 네가 있는 것.
잡을 수 있는 네 손이 있는 것.

너와 걸을 수 있는 두 다리가 있는 것.
너를 바라볼 수 있는 두 눈이 있는 것.

너를 부를 수 있는 목소리가 있는 것.
너의 목소리를 들을 수 있는 것.

너의 존재가 나의 행복이었음을.
그런 너의 곁에 동시대에
내가 존재함이 기적이었음을.

인간이
질리는 원인

♦

 사람은 반복하는 것에 염증을 느낀다. 화성에 갔을 때를 대비한 HI-SEAS 실험. 고립된 환경을 몸소 체험한 과학자가 가장 견디기 어려웠던 건 의외로 지루함이었다고 한다.

 인간은 누구나 지루함을 좋아하지 않는다. 뻔히 예상되는 것에 흥미를 느끼지 못하기 때문이다. 운전 중 차가 막히면 그 잠깐을 참지 못하고 따분해한다. 재미없는 수업을 들으면 졸리고 하품이 난다.

 놀라운 사실은 아무리 재밌고 좋아하는 것도 오래 반복하면 질린다는 점이다. 대표적으로 좋아하는 음악이 그렇다. 처음 듣자마자 꽂히는 노래는 그 곡만 반복해서 듣게 된다.

그러나 일정 기간 이상 반복해서 듣다 보면 어느 순간 피로감이 강하게 생긴다. 좋아하는 음식도 마찬가지다. 아무리 맛있는 음식이라도 매일 삼시 세끼를 그 음식만 먹으면 나중에는 냄새만 맡아도 토할 것 같다.

완전히 질리는 것이다. 이를 마음이 변했다고, 초심을 잃었다고 할 수 있을까. 그런 문제가 아니다. 마음의 문제가 아니라, 생물학적 문제이기 때문이다.

신선함이 중요하다. 소일거리라도 신선한 일을 꾸준히 찾는 것이 삶에 대한 의욕을 가지게 한다.

좋은 점보다 싫은 점을 먼저 본다

◆

예전과 달리 사람을 볼 때, 좋은 점보다 싫은 점을 먼저 찾게 된다. 도저히 나와 맞지 않는 점이 있으면 아무리 좋은 점이 많아도 무너지는 걸 알게 되었기 때문이다.

그동안 시행착오를 충분히 겪어 봤기에, 더는 감정과 시간을 낭비하고 싶지 않기에, 이런 까닭으로 관계가 무너질 때 오는 허무함을 미리 피하려고 한다.

어느 면에서는 겁쟁이가 된 것이기도 하지만, 시간이 갈수록 자기방어를 우선하는 것은 자연스러운 현상이다. 경험이 계속 축적되기 때문이다. 살아오면서 쌓인 경험은 일종의 데이터와 같다. 그런 경험을 무시하고 살 수는 없다.

상대의 단점을 찾는 것과는 다르다. 단점은 그 사람의 흠이지만, 싫은 점은 흠이 아니다. 나에겐 싫은 점이어도 내가 아닌 다른 사람에겐 좋은 점이 될 수도 있다는 얘기다. 그저 나와 맞지 않는 점이다.

맞지 않는 점을 억지로 맞추며 이어가는 관계는 결국 마음이 구겨지고 만다. 작은 점은 얼마든지 맞춰갈 수 있겠지만, 가치관의 차이나, 오랜 습관의 문제처럼 크게 맞지 않는 점은 맞추는 것이 불가능에 가깝다. 심지어 그것이 싫을 정도로 느껴진다면 말이다.

싫은 점이 확실히 보이는 사람은 놓는 것이 맞다.

어렸을 때 학대와 상처를
받고 자란 어른은

1. 작은 일에도 크게 실망한다.

어릴 때 가족이나 주위로부터 학대와 상처를 받은 사람은 절망과 좌절이 습관화되어 작은 일에도 쉽게 실망하고 훨씬 깊이 좌절한다.

2. 내면을 보여주지 못한다.

마음의 문을 활짝 열고 속마음을 공유하는 일은 꿈같은 소리다. 속에 시린 아픔이 거대한 빙산처럼 얼어있어서 누구도 쉬이 녹이지 못한다.

3. 행복할 때 오히려 불안하다.

정확히는 행복을 누리지 못한다. 떠나갈 것과 잃을 것을 생각하고 상처받을 결과를 미리 걱정해서 행복을 믿지 못하고 불안해한다.

4. 자꾸 확인하려고 한다.

불안하니 상대를 자꾸 시험하고 마음을 확인하려고 한다. 자기 마음과 조금만 다른 것 같은 낌새가 보이면 변했다고 생각한다. 사고가 극단적이다.

5. 정신 질환에 취약하다.

불면증, 무기력증, 우울증, 조울증, 공황장애 등 다양한 정신적 질환에 비교적 쉽게 노출되고 시달린다.

6. 상처 준 대상을 영원토록 원망한다.

용서 같은 건 안 당해 본 사람이나 쉽게 하는 말이다. 당해 본 사람은 결코 쉽게 용서를 입에 담지 않는다.

나는 나를 구원할 수 있다. 타인이나 외부적 요인은 그저 계기에 지나지 않는다. 그동안 자신을 외면하면서 살았다면, 이제는 자신을 안아 주어야 할 시간이다.

살면서 가장 쓸데없고
부질없는 짓은

◆

하나, 지나치게 눈치 보는 짓.

눈치가 없으면 어리석지만, 눈치를 과하게 보는 짓도 삶을 무의미하게 한다. 그만큼 타인에게 휘둘린다는 의미니까. 나의 사정과 기준보다 상대의 사정과 기준이 더 중요한 것처럼 지나치게 눈치를 살피고 상대에게 맞추는 태도는 갈수록 자신을 잃게 만든다.

둘, 끝난 인연에 목매는 짓.

안 맞는 사람은 어떻게 다시 이어서 붙여 봐도 안 맞는다. 이미 끝난 인연을 미련하게 붙잡고 있는 짓은 하루하루를 피폐하게 한다. 어차피 훗날 떠날 땐 모든 걸 놓아야 한다. 빠르게 놓느냐, 늦게 놓느냐. 단지 그 차이일 뿐이다. 때론 빠르게 놓을 줄도 알아야 한다. 남은 삶을 오롯이 살기 위해서.

셋, 끝없이 걱정하는 짓.

살면서 하는 모든 걱정 중에 실제로 일어나는 일은 지극히 미미하다. 일어나지 않을 일을 자처해서 걱정하는 셈이다. 사람은 생각하는 대로 산다고, 오히려 자꾸 걱정하면서 그 걱정거리를 자신의 현실로 알게 모르게 끌어들이는 경우가 많다.

인생의 근본적인 인과관계를 간과하면 안 된다. 쓸데없는 생각과 부질없는 짓이 원인이 되어 삶의 많은 부분을 앗아가는 결과가 생긴다.

다행인 점은 의지만 있다면 이러한 습관을 얼마든지 고칠 수 있고, 지금부터 충분히 조절이 가능하다는 점이다.

노력이 곧
희망이다

●

　도시에서 사는 건 갈수록 팍팍해지고, 사회는 거리를 두는 만큼 삭막해졌다. 얼굴을 가리고 지내면서 정다운 표정을 잘 볼 수 없게 되었다.

　비정상적인 일상이 평범한 일상처럼 되었다. 평범했던 일상은 그리운 시절이 되었다. 오래도록 끝이 어딘지 모를 불투명한 미래로 불안은 짊어지는 것이 불가능할 정도로 거대해졌다.

　무엇보다 한 개인이 필사적으로 노력한다고 해결 가능한 상황이 아니라, 더욱 힘이 빠진다. 곳곳에서 쩍쩍 갈라지는 소리가 들린다. 바짝 메마른 땅에 단비가 절실하다.

당신은 누구보다 애쓰고 있다. 얼마나 애써 버티는지 절절하게 울린다. 그 울림이 하늘까지 닿아 단비가 내릴 것이다. 희망이 그렇다. 언제나 절망 속에서 피어난다.

척박한 땅에서 푸른 새싹이 피어나듯. 묵묵히 맨발로 내딛는 한 걸음, 한 걸음이 찬란한 희망을 머금고 있다. 단비마저 없다면, 하늘마저 외면한다면, 지금 내딛는 발자국에 스민 땀이 대지를 적실 것이다.

당신이 흘린 땀방울이 단비가 되는 것이다. 노력은 결코 헛된 법이 없다. 당신의 노력은 언제나 울려 퍼지는 희망가와 같다.

어릴 땐 몰랐는데
나이 들수록 깨닫는 감정

첫 번째, 의미 없는 관계가 귀찮다.
과거엔 일일이 확인했던 카톡도 점점 확인하지 않는 1이 쌓여간다. 단톡방이 특히 그렇다. 의미 없이 느껴져서 일일이 답하지 않는다.

두 번째, 부질없는 인간관계에 지쳤다.
모든 걸 다 바쳤던 사랑도 떠났다. 10년, 20년을 쌓은 우정도 한순간에 무너지는 일을 겪었다. 더는 사람을 깊게 믿지 않는다.

세 번째, 누구를 만나도 공허함을 느낀다.
만났을 때 즐겁기는 하다. 한데 그때 잠시뿐이다. 돌아서면 다시 혼자 남아 외로움을 마주해야 한다.

네 번째, 혼자인 게 외롭지만 편하다.

혼자만의 시간이 중요해졌다. 과거엔 무조건 누구와 함께해야 할 것 같고, 곁에 아무도 없으면 외톨이가 될까 봐 두려웠다. 하지만 나와 완벽하게 맞는 사람은 세상에 없다는 사실을 알게 됐다. 그나마 깊은 사이가 될 만큼 잘 맞는 사람도 극소수란 걸 이젠 안다.

기대했다가 매번 상처받고 관심을 구걸하며 초라해지느니 차라리 혼자인 편이 낫다고 여긴다. 그래서 자발적으로 혼자 지낸다.

좋아하는 드라마, 영화, 웹툰, 예능, 책 등을 혼자서 감상하고, 혼자 밥 먹고, 혼자 술 마시는 시간이 예전보다 많아졌다.

잘 맞는 인연이 생기면 좋고 안 생겨도 그만이란 생각이다. 외로움은 어느새 습관처럼 일상에 스며 있다.

감당하기 힘든 슬픔
또한 인생의 한 막

 인생보다 슬픔이 우선일 때가 있다. 의지나 의사와는 상관없이 말이다. 삶을 뒤덮는 슬픔. 그를 몰아낼 생각도 못 할 만큼 뒤덮여있다. 눈에 온통 뒤덮인 세상은 어디를 둘러봐도 하얀색이듯, 눈을 어디로 돌려봐도 슬픔이 먼저 보인다.

 사랑하는 사람을 잃었을 때. 세상에서 가장 소중한 사람을 떠나보냈을 때. 삶의 가장 큰 부분이 무너졌을 때. 슬픔 외엔 아무것도 느껴지지 않는다. 사람이 너무 슬프면 아무리 괴로워도 슬프기 싫다는 생각조차 못 한다.

그저 끝없이 슬프다. 어떤 말도 위로가 되지 않는다. 몇 날 며칠을 울고, 몸에 기운이 하나도 없고, 손가락 하나 까딱하기 싫을 정도로 무기력하다. 그리고 다시 운다.

우는 것 말고는 할 수 있는 게 아무것도 없어서. 세상에서 제일 귀하고 가장 소중한 것이 쓸려 가버린 가운데 죽지 못해서 산다.

그럼에도 불구하고 지나갈 것이다. 이런 압도적인 슬픔도 끝내 지나간다. 우리의 부모가 그랬듯, 부모의 부모가 그랬듯. 지나간다. 그렇게 이 또한 인생의 한 막이 된다.

마음의 집을
찾아서

●

 인생은 마음의 집을 찾는 여정이다. 집이란 내가 안심하고 가장 편하게 쉴 수 있는 곳을 의미한다. 그러니 평화롭게 살 집을 구하고, 안정적인 가정을 꾸리고, 사랑하는 가족과 안온한 하루하루를 보내는 것이 인생의 궁극적인 목표라고도 할 수 있다.

 살다 보면 많은 것이 욕심난다. 하고 싶은 것도 많고, 갖고 싶은 것도 많고, 이루고 싶은 꿈도 생긴다. 화려하고 매력적인 것에 매료되고, 멋지고 아름다운 것에 감동한다. 그렇게 살고 싶다며 바라기도 하고, 도전하고, 이루기도 한다.

욕망에 솔직한 사람일수록 명예욕과 권력욕도 생기고, 경우에 따라선 삶의 방향도 잃은 채 그것에만 집착하기도 한다. 그런데도 나이가 들면 하나같이 안정이 최고라는 사실을 깨닫는다.

몸과 마음이 건강하여 안정되고, 경제적으로 여유로워 생활이 안정되고, 사랑이 가득하여 가정이 안정되는 것. 그러니 한 살이라도 일찍 안정을 찾기 위해서 노력하는 길이 최선의 선택이 될 수 있다.

팔십 번의 크리스마스

빨간 코의 사슴은 없지만
배불뚝이 흰 수염은 아니지만
네게 선물을 건네고 싶다.

평소 어여뻐하는 꽃도 좋겠고
갖고 싶다던 손가방도 좋겠고
눈이 끌리는 향수도 좋겠다.

무얼 받아도 기뻐하는 너.
주는 사람이 나여서 기쁘단다.
너는 내 존재가 선물이란다.
실은 나도 선물로 준비했다.

나와 함께 살자.
앞으로 팔십 번의 크리스마스를
너와 맞이하고 싶어서.
너에게 나를 주고 싶다.

마음속의 모닥불

"지글지글~"

맛있는 소리가 난다. 달궈진 철판 위에 함박스테이크가 익어가는 소리. 누런 목판 받침에 검은 철판이 합쳐진 스테이크 전용 접시에서 나는 소리였다. 고기가 익을 때 나는 고소한 냄새와 달큼한 소스가 풍미를 선사했다.

함박스테이크를 그다지 좋아하지 않는다. 어릴 때 질리도록 많이 먹었기 때문이다. 한때 함박스테이크의 부드러운 감칠맛에 빠져 하루가 멀다고 먹었다. 초등학교 2학년부터 3학년까지 무려 2년 동안 거의 매일 말이다.

당시에 살았던 아파트 단지 내에는 4층짜리 작은 상가 건물이 있었다. 상가에 있는 피아노 학원에 다니던 시절이었다. 학원을 마치면 오후 5시쯤이었는데 저녁 시간이 다 되어가니 언제나 배가 고팠다.

4층이 학원이었고 2층에는 양식당이 하나 있었다. 어느 노부부가 오손도손 운영하는 돈가스 전문점. 작은 식탁 4개가 겨우 들어가는 비좁은 식당이었다. 10평 남짓한 공간은 늘 맛있는 냄새가 가득했다.

할아버지는 주방에서 요리를 했다. 할머니는 계산대를 보고 서빙을 했다. 학원에 가는 날이면 마치고 매일 양식당에 들려서 함박스테이크를 먹었다. 노부부는 언제나 나를 반갑게 맞이해 주고 마치 손주처럼 예뻐했다.

주문한 스테이크가 나오면 포크와 나이프를 양손에 주먹을 쥐듯 쥐고 힘겹게 썰었다. 고사리손으로 썰고 있으면 할머니가 보고 있다가 얼른 달려와 썰어 주었다. 항상 싹싹 비우듯이 먹었고 감탄사와 함께 엄지를 치켜세웠다.

그 모습이 예뻐 보였을까. 어느 날은 할머니가 수프를 내어주고, 어느 날은 할아버지가 돈가스를 튀겨 주었다. 공짜로, 그것도 자주 말이다. 깜빡하고 용돈을 가져오지 않은 날은 음식값을 받지도 않았다.

그러다 언제부턴가 점점 함박스테이크의 매일 똑같은 맛이 질렸다. 피아노 학원도 그만두었고 양식당을 찾던 발걸음도 뜸해졌다. 마지막 기억은 초등학교 5학년 때 상가 앞을 지나다가 잠깐 인사한 것이었다. 당시에는 그것이 인연의 끝일 줄 몰랐다.

그 이후로 중학교, 고등학교를 거치며 한 번도 양식당을 찾지 않았다. 사춘기를 겪으면서 성장하는 동안 까맣게 잊었으니 말이다. 성인이 되어 뒤늦게 그곳을 찾았을 땐 많은 것이 변해있었다. 양식당이 있었던 자리에 다른 가게가 들어선 것도 이미 오랜 옛날 일이었다.

당시에도 나이가 지긋하셨으니, 지금은 아마도 세상에 없을 노부부. 양식당의 이름이 생각나지 않는다. 두 사람의 얼굴도 기억에서 흐려졌고, 성함 역시 알 길이 없다. 그럼에도 그때의 따듯했던 온정은 여전히 내 마음 한구석에 모닥불처럼 남아있다.

"고맙습니다. 세월이 아무리 흘러도, 덕분에 저는 따뜻합니다."

에필로그 ─────── # 기억하지 못하면 살지 않은 것이다

사진첩을 꺼내어 보았다. 꽤 오랜만에 펼쳐보는 것이라 뽀얗게 먼지가 쌓여있었다. 물수건으로 쓱 닦아 내고 거실 의자에 앉아 커다란 앨범을 무릎 위에 올렸다. 가죽으로 된 두꺼운 표지.

색이 바래서 세월이 묻어났다. 펼쳐서 누런색의 속지를 한 장씩 넘길 때마다 비닐 소리가 요란했다. 넘기다가 한 장의 사진에 시선이 머물렀다. 아기 시절에 찍힌 사진이었다. 배경으로 찍힌 노란색의 작은 아파트가 보였다.

이름은 목련. 사진 속의 아파트는 20여 년이 훨씬 지난 지금도 여전히 그 자리에 있다. 대로변의 아파트라서 차를 타고 지나가다 종종 스쳐봤다.

아파트에 대한 기억은 선명하다. 5층짜리 복도식 아파트였던 것, 2층에 살았던 것, 통로와 계단, 옆에 있던 작은 놀이터까지. 한데 사진이 찍힌 그날의 기억은 전혀 없다. 아무리 기억을 더듬어봐도 아무런 생각이 나질 않았다.

노란 목련 아파트를 배경으로 하얀 옷을 입은 아기가 웃고 있다. 엄마인 숙이가 사진을 찍었으리라. 사진을 찍는 숙을 향해 해맑게 뛰어오고 있는 볼이 포동포동한 아기. 이제 막 밖에서 걷기 시작한 시절의 내 모습이었다.

내 기억엔 없어도 분명 존재했던 시간이다. 그러니 사진으로 남아있는 것이겠지. 앨범의 다음 장을 넘겼다. 중학생쯤 되어 보이는 앳된 남자애 둘이서 아기인 나를 사이에 두고 브이를 하고 있었다. 생전 처음 보는 얼굴들.

숙에게 물어보니 당시에 나를 좋아했던 팔촌 형들이라고 한다. 지금은 사촌도 거의 보지 않는 마당에 팔촌은 한 번도 본 적이 없다. 하물며 기억에도 없었다. 어릴 때니 그런가 보다 하면서 앨범을 넘겼다.

크면서 찍혔던 대부분 사진 속 당시의 장면이 새록새록 떠오르며 추억을 되새겼다. 수십 장이 넘어가고 성인이 되어 찍은 사진에서 손이 멈췄다. 그 당시 단짝이었던 친구와 괴상하고 우스운 자세로 찍힌 사진들이었다.

염색한 것을 보니 스무 살 때인 것은 틀림없는데 저곳이 누구의 방인지, 찍어 준 친구가 누구인지, 왜 저러고 찍었는지. 저 때의 시간이 기억나질 않았다. 사진 속에서 웃고 있으니 분명 즐거운 순간이었을 텐데.

아기였던 시절이 대부분 기억나지 않는 건 내 삶에서 가장 오래된 시절이고, 제대로 사고도 하기 전이라, 이해할 수 있었다. 한데 다 큰 성인이 된 시절이 기억나지 않는다니. 선뜻 이해할 수 없었다. 사진을 토대로 아무리 추억을 더듬고 상황을 유추해 봐도 기억나지 않았다.

문득 그런 생각이 들었다. 기억에 전혀 남아있지 않은 삶은 과연 내가 살았던 삶이라고 할 수 있을까. 당시의 냄새, 본 것, 들은 것, 말한 것, 먹은 것, 느낀 것, 행동, 생각, 감정, 기분. 아무것도 떠오르지 않으니 애초에 없는 것과 마찬가지였다.

사진만이 남아있는 추억. 그것은 더 이상 추억이라 부르기도 어려웠다. 당시엔 있었던 순간이었으나, 지금의 나에겐 없었던 순간이 되었다.

- 모든 순간을 제대로 살고 싶은
김다슬 올림

열 번 잘해도 한 번 실수로 무너지는 게 관계다

초판 1쇄 발행 2023년 01월 20일
초판 20쇄 발행 2024년 09월 20일

지은이 김다슬
펴낸이 김상현

기획편집 전수현 김승민 주혜란
마케팅 김지우 김예은 송유경 김은주 남소현 성정은
경영지원 이관행 김범희 김준하 안지선

펴낸곳 (주)필름 / 클라우디아
등록번호 제2019-000002호   **등록일자** 2019년 01월 08일
주소 서울시 영등포구 영등포로 150, 생각공장 당산 A1409
전화 070-4141-8210   **팩스** 070-7614-8226
이메일 book@feelmgroup.com

필름출판사 '우리의 이야기는 영화다'

우리는 작가의 문체와 색을 온전하게 담아낼 수 있는 방법을 고민하며 책을 펴내고 있습니다.
스쳐가는 일상을 기록하는 당신의 시선 그리고 시선 속 삶의 풍경을 책에 상영하고 싶습니다.

홈페이지 feelmgroup.com   **인스타그램** instagram.com/feelmbook

클라우디아 출판사는 (주)필름의 출판브랜드입니다.

© 김다슬, 2023

ISBN 979-11-966171-4-1(13810)

- 이 책 내용의 일부 또는 전부를 재사용하려면 반드시 필름출판사의 동의를 얻어야 합니다.
- 책값은 뒤표지에 있습니다. 잘못 만들어진 책은 구입처에서 교환해 드립니다.